Felician Gess

Johannes Cochläus

Der Gegner Luthers

Felician Gess

Johannes Cochläus
Der Gegner Luthers

ISBN/EAN: 9783744606233

Hergestellt in Europa, USA, Kanada, Australien, Japan

Cover: Foto ©ninafisch / pixelio.de

Weitere Bücher finden Sie auf **www.hansebooks.com**

JOHANNES COCHLÄUS

DER GEGNER LUTHERS

VON

DR. FELICIAN GESS.

OPPELN.

EUGEN FRANCKS BUCHHANDLUNG (GEORG MASKE).

1886.

Druck von Erdmann Raabe in Oppeln.

Ego infelix, in locum contentionis demersus a contentionibus liberari non possum,
quoad contendunt contra nos haeretici.

Cochläus an Nausea, 31. Dez. 1535

Nicht eine Biographie, Beiträge zu einer solchen möchten die
folgenden Blätter bringen. Es schien das der Mühe nicht
unwert, wenngleich Cochläus in neuerer Zeit mehrfach eingehendere
Berücksichtigung gefunden. Das Leben dieses Mannes in seinem
ganzen Verlauf verfolgte von Weldige-Cremer in einer kleinen
Schrift,[1] deren Verdienst jedoch in Anbetracht der flüchtigen
Benutzung der Quellen, der rein äusserlichen Darstellung, der
Überschätzung der Bedeutung ihres Helden, einzig das der Auf-
stellung eines im Ganzen sorgfältigen Katalogs der cochläanischen
Schriften sein dürfte. Einen kurzen Lebensabschnitt — des
Cochläus Frankfurter Aufenthalt — behandelte in einem Aufsatz[2]
von weiterem Thema Steitz zwar in eingehender, doch nicht völlig
korrekter Weise. Während Ottos fleissiges Buch[3] „Johannes
Cochläus, der Humanist" uns zunächst, wie sein Titel besagt'
den Pädagogen, Philologen, Editor kennen lernen, Cochläus, den
Gegner Luthers — der uns ausschliesslich beschäftigen soll —
kaum nebenbei zu seinem Rechte kommen lässt, darf von dem,
was Höfler in seinem „Hadrian VI."[4] über Cochläus vorbringt,
füglich geschwiegen werden: nach ihm soll der im Jahr 1479
Geborene „viel jünger" als Luther sein. Die beiden einschlagen-
den Artikel in der „Theologischen Realencyklopädie"[5] und der
„Allgemeinen deutschen Biographie"[6] werden einen selbständigen
Wert nicht beanspruchen.

---

[1] „De Joannis Cochlæi vita et scriptis". Monasterii 1865.
[2] Archiv für Frankfurter Geschichte und Kunst. N. F. IV, 1869.
[3] Breslau 1874.
[4] Wien 1880. S. S. 364, A. 2.
[5] 2. Aufl. Bd. III, S. 296. 1878.
[6] Bd. IV, S. 281. 1876.

Cochläus ist kein Grossgeist seines Jahrhunderts trotz der unermesslichen Fülle litterarischer Erzeugnisse, die jener Katalog aufweist; aber immerhin eine bedeutsame Erscheinung, nicht minder wie seine Genossen Eck und Faber.[1]

Diesen Männern hat man bisher nicht gerade grosse Beachtung geschenkt; ihren Lebensumständen ist man wohl nachgegangen, nicht aber ihrem Zusammenwirken. Doch wohl mit Unrecht! Man würde manche Förderung für eine allseitigere Auffassung der Reformationszeit aus derartigen Forschungen haben gewinnen können. Man sagt „die Wittenberger“ und verbindet damit einen ganz bestimmten Begriff; man kennt ihr häusliches Treiben, ihre persönlichen Wechselbeziehungen, Fleisch und Blut nehmen sie an für den, der aufmerksam in ihren Briefschaften blättert. Wer aber kennt die katholischen Streiter in ihrem Hauskleid? Vielleicht macht man sich von ihnen einmal nach den Urteilen, die reichlich sich bei den Wittenbergern finden, im Vorbeigehen ein Bild — aber ob da nicht manche Linien verzerrt sein dürften? Nein, auch diese Männer sind aus ihren eignen Briefen und Schriften, nicht aus denen der Gegner kennen zu lernen!

Leider ist uns von solchen Briefen nicht viel erhalten geblieben, und das erhaltene Material hat bis heute des sorgsamen Sammlers entbehren müssen.

So war denn auch für unseren beschränkten Zweck eine Umschau nach noch nicht veröffentlichten Briefen als Vorarbeit geboten. Eine diesbezügliche Anfrage aber bei dem königlichen Staatsarchiv in Dresden, dem herzogl. anhaltischen in Zerbst, den Stadtarchiven in Köln, Frankfurt und Nürnberg, der Stadtbibliothek daselbst und der gräfl. stolbergischen in Wernigerode — hatte nur zum geringsten Teil einen erfreulichen Erfolg: wenige Briefe des Cochläus gelang es beizubringen, Material freilich von relativ dürftigem Wert.

---

[1] S. Wiedemann: Dr. Joh. Eck. Regensb. 1865. — Horawitz: Joh. Heigerlin (genannt Faber). Wien 1884.

I.

Johannes Dobneck,[1] genannt Cochläus, ward geboren im Jahre 1479 zu Wendelstein im Bistum Eichstädt, als eines Bauern Sohn, wie Luther und wie Eck. Die erste höhere Schulbildung scheint er in Nürnberg genossen zu haben. Seit 1504 finden wir ihn auf der Universität zu Cöln, wo er zuerst philosophisch-philologische, später theologische Studien betrieb, den Magistergrad erwarb und wohl auch die niedern Weihen erhielt. Im Jahre 1510 bewarb er sich mit Erfolg um das Schulmeisteramt zu St. Lorenz in Nürnberg.

Es waren feingebildete Männer, deren Umgang Cochläus in Nürnberg geniessen durfte: Albrecht Dürer, Christoph Scheurl, Anton Kress, der Probst zu St. Lorenz, vornehmlich aber der grosse Humanist, Staats- und Kriegsmann Wilibald Pirkheimer. Mit diesem verknüpfte ihn je länger je mehr ein enges Band der Freundschaft, wenn auch der neun Jahr ältere, vornehme Patrizier stets die Rolle eines Gönners zu wahren wusste. Seine stattliche Bibliothek, für die Pirkheimer die grössten Opfer nicht gescheut hatte, liess er dem Freunde zu Gute kommen, auch an wissenschaftlichem Wink und Rat es nicht fehlen. So wurden die nächsten Jahre Jahre fleissiger Arbeit auf pädagogisch-philologischem Gebiet: Cochläus verfasste eine Schulgrammatik, die Anklang und Verbreitung fand, und gab, ebenfalls für den Schulgebrauch, den Pomponius Mela[2] heraus.

Sein Amt führte er zur Zufriedenheit des Rates fünf Jahre, bis ihm durch Pirkheimers wohlwollende Fürsorge die Möglichkeit eröffnet wurde, in pekuniär gesicherter Lage an einer ita-

---

[1] Für die Zeit bis zum Auftreten Luthers genügt es, auf Otto betreffs der Nachweise und meisten Zitate hinzuweisen.

[2] Quadrivium Grammatices Joannis Coclæi... 1511 (s. Otto S. 33); Cosmographia Pomponii Mele... compendio Joannis Coclei Norici adaucte... 1511 (Otto S. 40).

lienischen Hochschule seine Studien weiter fortzusetzen: Pirkheimer bestimmte ihn zum wissenschaftlichen Begleiter seiner
drei Neffen Geuder, deren Erziehung er bisher selbst geleitet,
für die er jedoch nun einen längeren Studienaufenthalt in Bologna
und Rom für erwünscht hielt.

Schon im Jahre 1515 wanderten die jungen Leute mit
Cochläus nach Italien; aber die Briefe[1]) des Cochläus an Pirkheimer beginnen für uns erst mit dem September des Jahres 1516
und schliessen ab mit dem November 1517, sodass wir also nur
über einen kleinen Teil der vierjährigen Reise unterrichtet
werden. Cochläus schrieb häufig und eingehend: wollte der
Oheim doch stets über Fortschritte und Betragen der Neffen auf
dem Laufenden gehalten werden. Aber zum Glück für uns sind
die an sich wertvollen Notizen über Studium, Lektüre und Vor-
lesungen der jungen Leute nicht der ausschliessliche Gegenstand
der Briefe: Cochläus berichtet viel von sich selbst, seinen
litterarischen Bestrebungen, seinem Umgang.

Es lag wohl nicht nur in der, fremden Personen und Zu-
ständen gegenüber schwerfälligen, Art des Cochläus, dass dieser
Umgang einzig auf Deutsche sich erstreckte: es fanden sich
eben hier zu Bologna so viele Landsleute ein und schlossen sich
eng zusammen, dass kaum Zeit und Gelegenheit blieb, ander-
weitigen Verkehr zu pflegen.

Gleich im ersten Brief ist von einem Manne die Rede,
der unser ganzes Interesse beansprucht: Ulrich von Hutten.
„Staunenswert", schreibt Cochläus, „erscheint mir dieses Mannes
Genie, zumal wo es anderer Leute Thorheit zu verspotten gilt.
Er sprudelt von Witz und Scherz; als ich ihm zum ersten Mal
zugehorcht, musste ich sagen, er ist ein zweiter Lucian". Bei
einem gemeinsamen Abendschmaus hatte der Ritter einige „neue
Briefe" zum Besten gegeben, deren Form und Inhalt allseitiges
Gelächter hervorrief. Besonders gelungen erschien einer der-
selben, worin von Pirkheimer berichtet wurde, dass er eine
Schrift gegen den Wucher geschrieben, und weiter von einem
Manne, der in Bologna über denselben Gegenstand nur in an-
derem Sinne disputiert habe.[1]) Damit sind wir mitten in der
halb ärgerlichen, halb spöttisch erregten Stimmung, welche die
Eck'sche Disputation im Vorjahre (1515) am 12. Juli hervor-

---

[1]) Heumann „Documenta literaria varii argumenti... Altorfii
1758, S. 1—41. — Dazu kommen 4 ungedruckte Briefe, die im Besitz der Nürnberger Stadtbibliothek vom 1. Jan., 21. Mai, 9. Sept.,
14. Nov. 1517.

[2]) Epist. obscur. vir. II Böcking, VI, 198.

gerufen hatte. Hervorgerufen auch im Herzen von Cochläus,
war er doch bei jenen unerquicklichen Streitereien nicht unbe-
teiligt gewesen! Er hatte Johannes Faber aus Augsburg, den
Gegner des Ingolstädter Professors, nach Kräften unterstützt,
seinem Unmut über den schliesslichen Sieg Eck's in einer Satire
„Sordida disputatio" Luft gemacht, die in Nürnberg handschriftlich verbreitet und nicht ohne Beifall gelesen worden war. Nach
Jahren haben sich beide, Eck und Cochläus wiedergefunden als
Kommilitonen im wahren Sinn des Worts: mag ein Rest von
Antipathie auch in dieser späteren Zeit noch fortbestanden haben
— er durfte zum mindesten den gemeinschaftlichen Gegnern
nicht gezeigt werden!

Wenn wir weiter die Reihe der Männer durchgehen mit
denen Cochläus damals zusammengetroffen — wie wunderbar,
dass sie später fast alle in der lutherischen Sache eine mehr
oder minder bedeutsame Rolle gespielt haben! Da ist jener
Johannes Faber, den Cochläus gegen Eck unterstützte, der am
Wormser Reichstag mit einem „Bedenken" im erasmischen Sinne
sich einstellt;[1] hier Karl von Miltitz, den Cochläus von Köln
her genauer kennt und den er nun von Italien aus lebhaft für
eine Stelle in Nürnberg an Pirkheimer empfiehlt;[2] hier sein
Landsmann Johann Hess, der mit dem „integerrimus theologus
D. Cocleus"[3] in Bologna freundschaftlich verkehrt, um später in
dem selben Breslau als lutherischer Reformator zu wirken, in
dem Cochläus unter untätigen Domherren durch seinen Feuer-
eifer sich hervorthut; hier Crotus Rubeanus, auch ein Studien-
genoss zu Bologna, der ein stürmischer Anhänger des Wittenbergers wird, mit der Zeit erlahmt, und schliesslich rückgekehrt
als reuiger Sohn zum Schooss der alleinseligmachenden Kirche
von Cochläus als Bundesgenoss aufs neue willkommen geheissen
wird;[4] hier vor allen andern — um auf den ersten und her-
vorragendsten zurückzukommen — Ulrich von Hutten, für dessen
Wesen Cochläus eine hohe, wenn auch mit ängstlicher Zurück-
haltung gepaarte, Bewunderung fühlt; Hutten, der dem späteren
Papisten hier in Bologna ein Exemplar von Valla's Schrift über
die Constantinische Schenkung abschwatzt[5] und aus ihr eine
Waffe schmiedet, die so verderblich wurde gerade für die Sache,
der Cochläus dereinst sein ganzes Sein opfern sollte!

[1] Förstemann „Neues Urkundenbuch" S. 66.
[2] Heumann, S. 40.
[3] Heumann, S. 118.
[4] Siehe unten.
[5] Heumann, S. 29.

Aber er war eben damals noch nicht der Vorkämpfer des Papsttums, und dieses, in der Gestalt wie es ihm in Italien entgegentrat, gewiss nicht allzu verlockend, eine derartige Verpflichtung auf sich zu nehmen. Von welch eigentümlicher Seite lernte er es doch kennen! Er wollte mit seinen Zöglingen in den ersten Monaten des Jahres 1517 nach Rom reisen, aber da waren alle Strassen unsicher, da der Papst gegen den Herzog von Urbino im Felde lag:[1] die Reise musste verschoben werden; als sie dann im Herbst den Weg machten, sprengte bei Viterbo der heilige Vater im Jagdzug an den staunenden Reisenden vorüber! Und man hörte doch in Italien von manchem, was man sich in Deutschland nicht träumen liess: so weiss Cochläus von der skandalösen Kreirung von 31 Kardinälen zu berichten: „man sagt der Kardinalat sei käuflich, gerade wie die andern Stellen“.[2] Die Zeit in Bologna hatte er fleissig angewandt und von seinen jedesmaligen Beschäftigungen treulich nach Nürnberg geschrieben. Pirkheimer aber war durchaus nicht einverstanden mit den Bestrebungen seines Schützlings. Er hatte ihm geraten, in Bologna auf Rechtsstudien sich zu werfen: aber kaum hat Cochläus in das römische Recht ein wenig sich hineingelesen, so greift er zur Feder und schreibt Querelen gegen Justinian, den „Rechtsverdreher“, in der Art der Ciceronischen Verrinen. Ja er verspricht sich viel von diesem Unternehmen; an den berühmten Zasius schickt er eine Probe seiner Leistung, Erasmus und Reuchlin möchte er dafür interessiert wissen, beim Kaiser eine Umgestaltung des Rechts zu beantragen. Kam aber später in der Antwort jener juristischen Autorität ein tüchtiger Guss kalten Wassers,[3] so zeigte vorerst Pirkheimers langes Schweigen, wie unwillig der Gönner über solch lächerliche Anmassung sei.

Aber nebenbei trieb Cochläus Studien die Pirkheimer noch weit weniger genehm waren: er bereitete sich vor, in Ferrara den theologischen Doktorgrad zu erwerben. Pirkheimer hatte sich bei seinem treuen Freunde, dem Kanonikus Bernhard Adelmann von Adelmannsfelden[4] in Augsburg, der auch mit Cochläus in brieflichem Verkehr stand, bitter darüber beklagt. Jedoch nahm sich dieser des Angeklagten an, er glaube, dass er als Theologe mit Segen würde wirken können. Eigentümlich war freilich die Weise, wie er sich vorbereitete; mit grossem Ver-

---

[1]) Heumann, S. 31 u. 39.
[2]) Heumann, S. 31 u. 32: „Vide quæso monstrum, 31 Cardinales una creatione dicam, an denuntiatione factos“.
[3]) U. Zasii epistolæ ed. Riegger, p. 328.
[4]) Über diesen s. Lier: „Der augsburgische Humanistenkreis“ etc. Augsburg 1880.

langen, sagt er, habe er den Text der Evangelien durchlaufen, nun präge er sich den Inhalt kapitelweise ein, um — beim Lesen des Origenes oder Augustin gleich zu wissen, wo das Wort stehe, das sie anführen. Also nicht Selbstzweck ist ihm die Lektüre der Bibel; und, was noch mehr, jetzt erst in seinem 38. Lebensjahr fängt er an, ihren Inhalt sich zu eigen zu machen. Nun — seinen Zweck erreichte er jedenfalls: am 28. März 1517 ward er zum Doktor promoviert.

In Rom hat er dann die höheren Weihen erhalten; hier auch nach langen, vergeblichen Bemühungen um geistliche Stellen in Nürnberg und der Umgegend das Dekanat an dem Liebfrauenstift in Frankfurt a. M.

Etwa im August 1519 langte Cochläus nach vierjährigem Aufenthalt im Süden in Nürnberg wieder an. Von der Bewegung, die seit zwei Jahren von Wittenberg aus mehr und mehr sich ganz Deutschland mitgeteilt, hatte er gewiss in Rom genug gehört; war er doch dort mit Karl von Miltitz zusammen. Gerade aber, dass er in Rom die ersten Nachrichten über Luther schöpfte, dürfte nicht unwesentlich sein. Es mochte schwer fallen, der allgemeinen Auffassung der Dinge gegenüber, wie sie dort Platz gegriffen, das eigene Urteil unabhängig zu bewahren.

In Nürnberg fand er die Stimmung[1]) wesentlich anders. Scheurl's Briefe zeigen uns deutlich, wie der ganze Kreis, dem Cochläus früher angehört, über die jüngsten Vorgänge dachte. Scheurl selbst, der Allerweltsfreund mit seiner fragwürdigen Zwischenstellung, in der er den Ingolstädter und Wittenberger Professor zugleich umarmen zu können meinte, kommt zwar hier für uns nicht in Betracht, er war auf seiner spanischen Reise begriffen, als Cochläus in die Heimat zurückkehrte.[2]) Aber wie stand es mit Pirkheimer? Durchaus nicht jene Auffassung von der lutherischen Sache, die sich in den drastischen Worten dokumentiert, die Hutten an Pirkheimer vom Augsburger Reichstag schrieb:[3]) „en viros theologos impactis mutuo geminis se concerpentes", sehen wir von ihm vertreten. Mit sympathischem Interesse hatten Pirkheimer und Adelmann die Begebenheiten von Anfang an verfolgt. Wir dürfen — mit Rücksicht auf die gleich zu besprechenden brieflichen Äusserungen beider — die Worte mit denen Ökolampad und Adelmann in ihrer Streitschrift gegen Eck die Geschichte ihrer freundschaftlichen Beziehungen zu

---

[1]) S. darüber Roth „Einführung der Reformation in Nürnberg" Würzburg 1885, S. 59 ff.
[2]) Scheurl's Reise fällt zwischen 4. Aug. 1519 u. 2. März 1520.
[3]) 25. Okt. 1518 Böcking op. Hutt. I, 216.

Luther erzählen, auch zu Worten Pirkheimers machen: Luther's
Name sei ihnen ganz unbekannt gewesen, bis vor Jahren etliche
seiner Predigten in ihre Hand gekommen, in denen er über die
zehn Gebote gesprochen; durch sie sei er ihnen anfänglich lieb
geworden. „Folgend als das gerücht darzu kummen vnd vns
angetzeygt hat die vnschuld vnd das gut leben desselben mans,
hat es vnsser meynung, sso wir von ym entfangen, bekreftigt
vnd bestetigt".[1]

In solchem Ruf also sand Luther bei diesen Männern, als
die Thesen ausgingen. Adelmann, der ein Exemplar derselben
erlangt hatte, beeilt sich es dem Freunde Pirkheimer zu übermitteln; dieser teilt ihm später die „Replica" des Prierias mit;
Luther wird der Hauptgegenstand ihres brieflichen Verkehrs,[2]
bald wird er zum „noster Martinus", und Adelmann sieht in ihm
den „vir Dei". Noch mehr: Pirkheimer ist mit Luther selbst in
Verbindung getreten, um die Jahreswende 1518/19. Seine Briefe
sind uns verloren, ein lutherischer ist erhalten geblieben:[3] Pirkheimer hat die „Schedula" Eck's nach Wittenberg geschickt,
Luther erwidert die Freundlichkeit mit Übersendung seines
„Unterricht auf etliche Artikel" und einiger Thesen. Es war
also nicht der Austausch leerer Höflichkeitsbezeugungen, wie er
sonst wohl in Humanistenbriefen beliebt, es war ein wirkliches
Interesse an der Sache.

So findet Cochläus den Gönner. Während er den Herbst
1519 über Pirkheimer bei Herausgabe des Fulgentius mit Fleiss
und Umsicht zur Hand geht, treffen nach und nach genauere
Nachrichten über die Leipziger Disputation ein. Johannes Lang
in Erfurt schickt eine Schilderung derselben, und Adelmann berichtet in einem Brief, der auch nach Cochläus sich herzlich er-
kundigt, und ohne Zweifel von diesem gelesen wurde, von dem
„Sophisten", der vom Leipziger Schlachtfeld heimgekehrt augen-
blicklich in allen „Barbierstuben und Kneipen" Augsburgs sich
mit Briefen von Leipzigern aufspielt, die seinen Ruhm bestätigen;
er ist im Begriff sie drucken zu lassen. Adelmann meint jedoch:

---

[1] „Die verdeutscht Antwort der, die Doktor Eck in seinem
Sendbrief an den Bischoff zu Meyssen hat die ungelarten lutherischen
Thumherrn genandt", a. MDXX (o. Druckort). — Luther's „Decem
præcepta Wittenbergensi prædicata populo" 1518; jetzt am besten i. d.
kritisch. Ausgb. Bd. I, S. 394 ff. Weimar 1883.

[2] Heumann, S. 167, 169, 171, 181.

[3] 20. Febr. 1519 De Wette VI, 12. — Was Luther „Schedula"
nennt ist Eck's Schrift: „In studio Lipsensi disputabit Eckius propositiones infra notatas contra D. Bodenstein Carlestadium Archidiaconum
et Doctorem Vuittenburgen". Über die verschiedenen Drucke s. Enders:
„Luthers Briefwechsel" I, 401.

„Mirum quod eum gloria quam per mille mendacia avidissime
desiderat, fugit, ac nostrum Martinum fugientem sequitur".
Dringend bittet Adelmann schliesslich, Pirkheimer möge sich eifrig
umthun nach allem, was aus Luthers Feder gekommen.[1])
Ob er wollte, oder nicht wollte — Cochläus musste Teil
haben an dem Interesse für Luther. Er schrieb damals an den
Reformator. Der Brief ist uns leider verloren. Einige Jahre
später, als er schon offen Stellung gegen Luther genommen, gab
er als Inhalt jenes Schreibens an: „ad reddendam studiis
religionique ac reipublicae tranquillitatem Lutherum pio studio
admonui."[2]) Ihre Bestätigung findet diese Aussage in einem
Worte Luthers, das uns Lauterbach überliefert: „Cocleus mihi
primo placidissime scripsit adhortans ad Evangelium, deinde
factus est vipera."[3])
Auf der andern Seite mochte wohl Cochläus kräftig mit
einstimmen in den Ton, der gegen Eck angeschlagen wurde.
Gerade damals braute Pirkheimer den bittern Trank „Eccius
dedolatus" und vergass dabei Cochläus als Feind des Disputators
von Bologna her durchaus nicht.[4]) So schien denn, als Cochläus
gegen Anfang des Jahres 1520 Nürnberg verliess, um seine
Stellung in Frankfurt anzutreten, eine Meinungsdifferenz bezüg-
lich der Frage des Tages zwischen ihm und den Freunden in
Nürnberg und Augsburg nicht vorzuliegen.
Es war kein kleiner Tausch, Nürnberg verlassen und fortan
in Frankfurt leben! Beider Städte Lob hat er später gelegentlich einmal gesungen: in Nürnberg die prächtigen Bauten, vor
allem aber die geistvolle, gelehrte, kunstverständige Gesellschaft
— in Frankfurt die grossartigen Messen mit ihren fremden
Trachten und Gesichtern; aber von der Bildung der Bürger, von
schönen Studien lesen wir da nichts![5])
Immerhin mochte ihm dieser Wechsel anfänglich nicht so
schwer fallen, ward er doch in Frankfurt von jeder Seite auf
das freundlichste bewillkommnet; von seinen Amtsbrüdern am

---

[1]) Pirkheimer an seine Schwester Charitas über Cochläus op.
Pirkh. (ed. Goldast) S. 247. — Lang an P. Heum., S. 248. — Adelmann an P. Heumann, S. 175.
[2]) „De gratia sacramentorum lib. unus Jo. Cochlei" 1522, p. 2a.
[3]) Lauterbach's Tagebuch (Seidemann), p. 13. (Dresden 1872.)
[4]) Eccius dedolatus. Böcking IV, 517 ff; siehe S. 522.
[5]) „Ad semper victricem Germaniam Johannis Cochlæi παράκλησις:
ut pristinæ constantiæ fidei et virtutis memor, insolentissima Luthera-
norum factione abdicata, in errores se abduci non patiatur" Apud
Sanctam Agrippinam in ædibus Heronis etc. Anno MDXXIV. —
v. Weldige-Cremer gibt den Titel ungenau in seinem „Katalog".

Liebfrauenstift, aber auch von Männern der Frankfurter Aristo-
kratie.[1]) Philipp Fürstenberger, damals Ältrer Bürgermeister,
schloss sich ihm näher an, lud ihn herzlich in sein Haus, für den
Sommer hinaus auf sein Landgut bei Mainz ein; ein andermal
bewundert er im Dekanatshaus die „Melancholie" und den „hl.
Hieronymus" Dürer's, deren glücklicher Besitzer Cochläus ist;
oder sie treffen sich am dritten Ort bei dem Dekan von Bartho-
lomäi Friedrich Martorff, zu dessen Gasterei sich auch noch ein
alter Bekannter von Bologna her einstellt, zwar kein Frankfurter,
aber doch hier oft und gern gesehen: Ulrich von Hutten. Natürlich kommt das Gespräch bei Tisch auf die neusten Schriften
Huttens, welche die nächste Ostermesse bringen soll: Febris
secunda, Trias Romana, Inspicientes, Prædones. Dabei kann es
nicht ohne scharfe Hiebe auf Rom abgehen, und den stürmischen
Junker kümmert es wenig, dass neben ihm zwei Dekane sitzen.
Cochläus spielt auch gar nicht den Anwalt der Curie, fühlt sich
als Träger des geistlichen Kleides gar nicht verletzt. Nicht
anders, als einst von Bologna aus, berichtet Cochläus jetzt nach
Nürnberg von dem Eindruck, den er von Hutten empfangen:
„Bewundernswert ist dieser Freimut, mit dem er Deutschlands
Ruhm vertritt; glühend hasst er den römischen Bischof!"

Vielleicht, dass noch intimere Äusserungen dem jungen
Ritter hier entschlüpft sind. Er trug sich ja schon seit Monaten
mit dem Gedanken, Fühlung in Wittenberg zu suchen, hatte ja
auch schon einmal an Melanchthon geschrieben; und gerade jetzt,
wo er Frankfurt passiert, will er mit Crotus Rubeanus in Bam-
berg zusammentreffen; wir wissen, dass die beiden Freunde dort
sich gegenseitig in dem Entschluss bestärkten, Luther's Sache
nach Kräften zu fördern.[2]) Cochläus weiss ja auch von einem
andern Vorhaben Huttens, von dem man denken sollte, es wäre
noch viel eher verschwiegen worden; er schreibt nämlich an
Pirkheimer, Hutten beabsichtige, in nächster Zeit um die Hand

---

[1]) S. für das Folgende die 4 Briefe des C. an Pirkh. bei Heum.,
S. 41 ff.
[2]) Crotus Rubeanus an Luther 28. April 1520, Böcking I, 337.
— Im Blick auf diese Beziehungen zu Hutten wird man an der Wahr-
heit folgender Äusserungen nicht zweifeln dürfen (wenn auch jenes
„cruentas" — das aus später Erinnerung und nach dem Bauern-
krieg geschrieben — von keiner wesentlichen Bedeutung): Articuli
CCCCC Mart. Luth. etc. 1526: „Vidimus certe cruentas eius literas ad
Huttenum. Quid occulte ad Franciscum scripserit, non vidimus" und
Comment. de A. et S. M. Lutheri sub a. 1524: „De quo (sc. Franc.
Siccing) scripserat occulte ad Ulricum Huttenum suum Lutherus, se
plus confidentiæ erga illum gerere, maioremque in eo spem habere,
quam habeat in ullo sub cœlo Principe".

eines vornehmen und vermögenden Mädchens zu werben. Und Hutten ist ja auch gern bereit Cochläus in seinen wissenschaftlichen Arbeiten zu unterstützen, scheint also vertraut mit ihm gestanden zu haben; Cassiodorische Studien hatte Cochläus in Rom begonnen, in Frankfurt wiederaufgenommen und kundschaftete nun überall, ob nicht eine reichere Handschrift, als er sie bisher zu Gesicht bekommen, in Deutschland vorhanden wäre; da erfuhr er durch Hutten von einem Cassiodor in der Fuldaer Klosterbibliothek und erlangte seine Zusage, sich nach ihm umthun zu wollen.

Als der junge Ritter Frankfurt längst verlassen, fand dort eine Disputation statt zwischen drei Abgesandten Sickingen's und den Dominikanern in Sachen des Reuchlin'schen Prozesses; auch Cochläus war beigezogen worden. Er setzt Pirkheimer davon in Kenntnis und schreibt unter anderm: „Über Luther höre ich hier nur sehr selten etwas. Drei Tage lang habe ich mit den Predigermönchen öffentlich, nach ihrer Gewohnheit und auf ihre Bitte hin disputiert, aber gar nichts Lutherisches kam dabei vor; ich hätte gewiss nicht verfehlt, für ihn aufzutreten, hätte etwas derartiges vorgelegen. Ich sah aber seine und eines andern Antworten gegen die Cölner und Löwener, wahrhaftig sie sind tapfer und wahrhaft deutsch!"[1]) Verstand Cochläus damals — im Sommer 1520 — unter „responsiones fortissimas et vere germanas" etwas andres als Pirkheimer verstehen sollte und musste? war es ein verschönter Ausdruck für „convitia" und „calumniæ", als die er sie später bezeichnete?[2]) War die Versicherung, bei gegebenem Anlass würde er gern für Luther eingetreten sein, ehrlich gemeint? Wir müssen uns einer Entscheidung begeben; ja gar nicht der Gedanke an ein Misstrauen dürfte uns kommen, wüssten wir nicht, dass schon den Freunden in jener Zeit manches an Cochläus verdächtig ward. Sein früherer Schüler Sebald Geuder hatte von einem Geistlichen Anschuldigungen gegen Cochläus gehört und diese Pirkheimer hinterbracht; dieser setzt Cochläus davon in Kenntnis, der sie entrüstet von sich weist und bei nächster Gelegenheit dem jungen Geuder klaren Wein einschenken will.

---

[1]) Heumann, S. 49: „De Luthero admodum raro hic quicquam audio. Triduo cum prædicatoribus disputavi publice, eorum more ac rogatu quoque, sed Lutheriani omnino nihil proponebatur. Non prætermisissem certe, quin pro eo urguissem, si qua extitisset illius materia. Vidi autem et eius et alterius cujusdam responsiones contra Colonien. et Bononien. (sic) fortissimas sane et vere germanas".

[2]) Commentaria de Actis et Scriptis M. Lutheri. Cœln 1568, pag. 46b.

Welcher Art diese Anschuldigungen gewesen, können wir aus einem Brief Adelmann's schliessen; denn auch ihm hatte Pirkheimer davon berichtet. Adelmann antwortet: „Ich wundre mich gar sehr über das, was Du über unsern Cochläus schreibst, und es hat mir das, ich weiss nicht was für einen schlimmen Verdacht erregt. Ich fürchte jedoch, er sei an andrer Stelle, als durch die Thüre in den Schafsstall eingetreten; denn ich kenne jene Leute an ihren Früchten, mit denen er in Rom zu thun gehabt hat.“[1]) Also ganz sauber, meint Adelmann, dürfte es bei der Stellenbewerbung auf seiten des Cochläus nicht hergegangen sein. Otto hat selbst in seiner Darstellung auf die Fugger als diejenigen hingewiesen, die Adelmann an ihren Früchten kenne; schliesst aber seine Besprechung mit der unbefriedigenden Hypothese: „der Verdacht Adelmann's gegen Cochläus dürfte indessen lediglich aus seiner gallichten Gemütsart entsprungen sein.“[2]) Nun ist von „gallichter Gemütsart“ gegen Cochläus auch nicht die Spur bei Adelmann zu finden; im Gegenteil, wir können uns aus seinen Briefen überzeugen, dass er mit grosser Wärme sich stets für Cochläus interessierte, dass er als Theologe den Theologen in Schutz nahm Pirkheimer gegenüber, wenn dieser sich mit dem von Cochläus eingeschlagenen Studiengang unzufrieden zeigte. Wenn wir gar lesen was Adelmann nicht ganz zwei Monate früher schrieb: „dem Cochläus würde ich gern eine Wohlthat erweisen, wenn ich nur könnte. Denn ich liebe die vor allen, welche mit Gelehrsamkeit Rechtschaffenheit verbinden,“[3]) so werden wir Otto's Hypothese entschieden bei seite legen!

Der Verdacht Adelmann's befestigte und steigerte sich, als er im Juni 1520 die Widmung des Cochläus zum Maxentius las, welche der Fulgentius-Ausgabe beigegeben wurde. In überschwenglichen Worten war dort die Rede von dem grossen Ansehn, das der apostolische Stuhl zur Zeit des Maxentius genossen, während gerade damals die Ketzerei mächtig im Orient sich erhoben habe. Der Leser von 1520 musste unwillkürlich eine Parallele ziehen: auch Adelmann schwebte eine solche vor; desto befremdender klang seinem Ohr diese Tonart. Er schrieb darüber an Pirkheimer: „Ich las neulich des Cochläus Vorrede zum Maximin;“ (er meint den Maxentius) „er scheint mir dabei gezeigt zu haben, was Rom in ihm bewirkt hat; ich fürchte er verdächtigt sich bei gelehrten und rechtschaffnen Männern.“[4])

[1]) Heumann, S. 44, 186.
[2]) Otto, S. 106.
[3]) Heumann, S. 182.
[4]) Heumann, S. 200. — Otto, S. 110.

Wie dachte Pirkheimer darüber? Keine Äusserung von ihm
ist uns erhalten; auch die Briefe des Cochläus brechen für uns
ab mit demjenigen, in dem er versichert, er würde für Luther
gegebenen Falls eingetreten sein.

Nun ist es ein glücklicher Zufall, dass gerade da, wo die
bisher für uns wichtige Quelle, der Briefwechsel mit Pirkheimer, entschwindet, ein Ersatz sich einstellt in Aufzeichnungen
ganz anderer Art, die gerade um ihrer Absichtslosigkeit willen
uns die besten Dienste leisten. Wolfgang Königstein, ein
Kanonikus am Liebfrauenstift, also Angehöriger des Kapitels, dem
Cochläus als Dekan vorstand, verzeichnete vom 21. Juli 1520
ab 28 Jahr lang gewissenhaft in seinem Tagebuch die Vor-
kommnisse, die ihm bemerkenswert erschienen.[1] Meist sind es
solche aus dem Kreise seiner Amtsbrüder, unter ihnen manche,
die uns einen Blick thun lassen in den traurigen Zustand des
damaligen Klerus. Gewiss, ein weites Feld disziplinarer Thätigkeit lag da Cochläus vor. Aber dass er immer mit Takt vorgegangen, lässt sich nicht behaupten. „Er mag keine Wahrheit
hören,“ klagen die Vikare und Königstein bestätigt das und
meint „er hat eyn schwarz garn gessen“.[2]

Verboten solche Verhältnisse einen ausseramtlichen Verkehr
mit den Angehörigen seines Stifts, so hören wir doch von Umgang, den er mit anderen Geistlichen gehabt. Dass wir unter
ihnen den Pfarrherrn Peter Meyer finden, darf uns billig wundern!
war er doch eine Persönlichkeit, die durch die Dunkelmänner-
briefe zu trauriger Berühmtheit gelangt, im „Triumphus Reuchlini“
in einer langen Reihe von Versen gebrandmarkt war, ein zelotischer
Helfershelfer von Pfefferkorn.[3]

Einmal mit Hutten im Verkehr ein andermal mit Peter
Meyer — es war doch ein eigentümlicher Zwiespalt, in dem
Cochläus sich befand! Auf die Dauer konnte ein derartiges
Geteiltsein doch wohl nicht bestehen. Zumal in dieser Zeit, in
diesen Herbstmonaten des Jahres 1520, in denen gegen Luther
die Bannbulle ausgeht, und Erzbischof Albrecht, Rom zuliebe,
seinen ritterlichen Hofpoeten fallen lässt!

[1] Tagebuch des Kanonikus Wolfgang Königstein, herausgegeben
von D. Georg Steitz. Frankfurt a. M. 1876.
[2] Königstein Nr. 45.
[3] Ep. obsc. virr. Index. Böcking VII unter P. Meyer; Triumphus
Reuchlini Böcking III, 439 ff. Hier unter anderm:
Præterea nemo est ex vulgo indoctior isto
Audax nemo magis.
Vgl. auch Geiger: „Der Kampf gegen die Bücher der Juden“, Archiv
für Frankfurts Gesch. u. Kunst. N. F. Bd. IV. 1869. S. 208 ff.

In der That in diesen Monaten geht eine Wandlung in
Cochläus vor, heimlich, ohne jemandes Wissen; erst als vollendete
Thatsache wird sie den Zeitgenossen und auch uns bekannt, über
ihren Umfang und Verlauf giebt uns keine Zeile von seiner Hand
eine Aufklärung. Nur soviel sagt er uns: bis zum Erscheinen
der „Captivitas Babylonica" habe er sich um lutherische Schriften
nicht weiter gekümmert[1] — aber wie durfte er dann im Juni 1520
behaupten, gegebenen Falls würde er zu seinen Gunsten disputiert
haben? — Dieses Buch aber habe ihn auf das Tiefste verletzt
und zur Wiederlegung herausgefordert.[2] Eine solche, speziell
das Abendmahl betreffend, bearbeitet er um die Jahreswende
1520,21. Im Januar 1521 schreibt er dann eine Invektive[3])
gegen die beiden Briefe, die Luther an Leo X. gerichtet. Aber
beides behält er in seinem Pult verschlossen. Noch nichts war
von ihm ausgegangen, als der Frühling kam und mit ihm der
Wormser Reichstag.

II.

Der Reichstag zu Worms,[4] so hatte der Kaiser beschlossen,
sollte neben anderen wichtigen Geschäften politischer Natur den
lutherischen Handel zum Abschluss bringen. Luther ward vor
die glänzende Versammlung gerufen, freies Geleit ihm zugesichert;
seine „Irrlehren" sollte er öffentlich widerrufen oder als Ketzer
den schlimmsten Strafen verfallen. Luther erschien in Worms
und am 17. April 1821 zum erstenmal vor Kaiser und Reich;
zum Widerruf aufgefordert bat und erhielt er Bedenkzeit. Noch
konnte er also zurück, einige Worte, und die Gefahr die ihn
bedrohte, war verschwunden: er hat diese Aussicht von sich
gewiesen. Am folgenden Tag wiederum vorgefordert erklärte er
in längerer Rede, schüchtern beginnend, zu immer festerer Kraft

---

[1] „Non omnia scripta eius legi, immo pauca vidi hactenus,
nihil eorum magnopere curans, donec vidi Babylonicam eius Captivi-
tatem". Colloq. Wormat. bei Otto, S. 119, A. 6.
[2] Commentar. de A. et S. M. L. pg. 62b. — An der Captivitas
nahm auch Glapion den Hauptanstoss, ihm war sie ein „ungeschicktes"
Buch. S. Maurenbrecher a. a. O., S. 187 ff.
[3] Invectiva J. Cochlæi in duas Epistolas Lutheri ad Leonem
Papam X. Francoford. d. XX Jan. 1521. (Miscellaneor. libr. tres. In-
golstadii 1545.)
[4] S. Elter: „Luther und der Wormser Reichstag", Diss. Bonn,
1885. Hier findet sich die ganze frühere Litteratur verzeichnet.

des Entschlusses und Wortes sich durchringend, er könne und
dürfe nicht von seiner Überzeugung abgehen. Damit schien der
Handel wirklich zum Abschluss gebracht, insofern nun der Kaiser
entschlossen, den Ketzer als Ketzer zu behandeln.
Trotzdem liess man mit Zustimmung Karl's den Versuch
noch nicht fallen, Luther zu einem Widerruf zu bewegen.
Der Erzbischof von Trier war es in erster Linie, der sich
der Hoffnung hingab, durch Besprechungen privaten Charakters
auf Luther einwirken zu können. Den Hauptversuch dazu stellte
er am Mittwoch, 24. April an, zuerst im Beisein mehrerer Fürsten
und Gelehrten, später im engsten Kreise, indem bei Luther seine
Freunde Schurf und Amsdorf blieben, der Erzbischof seinen
Offizial Eck heranzog und — den Dechanten Cochläus aus
Frankfurt.

Ungerufen war Cochläus[1]) nach Worms gekommen, hatte
sich durch Capito dem päpstlichen Nuntius Aleander vorstellen
lassen und auf dessen Geheiss an jener Besprechung teilgenommen, ausdrücklich dahin instruiert, nicht in das Gespräch mit-
einzugreifen, nur zuzuhören, um nachher referieren zu können.
Bei diesem Referat jedoch, dem Aleander's diesbezüglicher
Bericht nach Rom entstammt, begnügte sich Cochläus nicht: hatte
er schon am Vormittag dem Verbot zuwider mitgeredet, so ging
er am Nachmittag auf eigne Faust in Luther's Wohnung, mit ihm
zu verhandeln. Nachdem er alle Künste der Überredung vergeblich angewendet[2],) den Hartnäckigen zu einem Widerruf zu
bringen, schlägt er Luther eine Disputation mit ihm (Cochläus)
vor im Beisein von Richtern. Und zwar hat er später behauptet,
er hätte Luther aufgefordert, „in suo conductu" zu disputieren,
die Gegner aber erzählen, Cochläus habe ihm angesonnen: „er
sol das geleite ufsagen, so wol er mit im disputirn." Der Unter-
schied ist nicht gering. Wir haben Grund, die letztere Aussage

---

[1]) Für des C. Auftreten in Worms hat man sich zu halten an
die Comment. desselben (seine Spezialschrift: „Cochlæi colloquium cum
Luthero habitum Wormatiæ" 1540, war mir leider nicht zur Hand);
von gegnerischen Berichten an das objektiv und ruhig gehaltene Flugblatt: „Etliche, sunderliche fleissige . . . Handlung" etc., dessen Autor
nach Köstlin's Vermutung („Luther's Rede in Worms", Halle 1874)
Spalatin, nach einer handschriftlichen, in wenigen Punkten abweichen-
den Fassung des Berichtes (Dresd. Arch. Locat 10181 „Acta Wormatiæ
in causa Lutherana", Convolut Miscella Saxonica 3833, Nr. 9) von
Watzdorf zu sein scheint.

[2]) Aleander schreibt: „et in fine nulla valse nè demonstratione
nè exhortatione, nè astutia, perche sempre è stato obstinato et solum
dicea non voler far contra conscientia". S. Brieger „Aleander und
Luther", Gotha 1884, S. 162 u. 163.

als die wahrhcitsgetreue anzunehmen; denn wir werden noch des
öftern auf unserem Wege demselben Antrag des Cochläus begegnen, wobei er jedesmal Wegfall des freien Geleits als
Bedingung stellt.

Fragen wir nach der Absicht, die Cochläus dabei gehabt,
so dürfen wir vorweg einen Vorwurf zurückweisen, der ihm nicht
ohne anscheinende Berechtigung gemacht werden konnte und
gemacht worden ist: die Absicht hatto er nicht, „Luther auf
diese Weise dem Henker zu übergeben", d. h. ihn in die Hand
Aleander's zu liefern, der ihn ja gern beseitigt gewusst hätte.
Er würde doch sonst nicht auf eigne Faust gehandelt, er würde
mit dem Nuntius konspiriert haben; das aber hat er nicht gethan,
nicht einmal Aleander sofort davon benachrichtigt: denn am
27. April verfasst dieser seinen ersten Bericht nach Rom über
die Ereignisse am 24. April, weiss aber von dem Antrag nichts;
erst in einem zweiten Bericht vom 29. heisst es:[1] „el simil
intendo cho fosse el Decano de Francford in camera del detto
Luther imo provocolo alla disputa, et Martino la rifiutò in pre-
sentia di assai gentilhuomini".

Also ganz auf eigne Faust hat er gehandelt. Er wünschte,
es möge von ihm heissen: er hat Luther, mit dem Kaiser und
Reich vergeblich sich abgemüht, besiegt und unschädlich gemacht.
Hatte er nicht auch den Justinian vertreiben wollen? Wie er
sich des Näheren diese Disputation vor Richtern, ihr Gelingen
oder Misslingen dachte, darauf werden wir — wie schon erwähnt — immer und immer wieder in unserer Untersuchung
zurückkommen; denn man könnte sagen, sein ganzes Leben habe
sich abgespielt in Repetitionen dieses Wormser Antrages; dann
erst werden wir sehen, wie verhältnissmässig unschuldig, aber
dafür wie lächerlich sein Angebot war.

Beide Auffassungen hat es schon damals im Jahre 1521
gegeben: man hat den Vorschlag als Tücke und Hinterlist gebrandmarkt, man hat ihn, als aus Überhebung entsprungen,
verspottet.

In einem Flugblatt,[2] das uns die Erlebnisse Luther's in
Worms in hocherregter Weise schildert, indem es der Leidens-
geschichte Christi die Farben entlehnt, und von einem Caiphas
und Hannas zu berichten weiss — eine Auffassung übrigens, die
sich damals manchem Gemüte, wenn auch nicht in so bestimmter

---

[1] Brieger a. a. O., S. 170.
[2] „Doctor Martin Luthers Passion" bei Schade, „Satiren und
Pasquille aus der Reformationszeit", 2. Auflage. Hannover 1862.
II, 102.

Form aufgedrängt hatte[1]) — in diesem Flugblatt finden wir auch
die Stelle: „da aber vil falsche zeugen hin zu giengen, aber am
letzten die zween lugenträger Joannes Sabula und Joannes
von Eck"; aus seinem Vornamen und dem Namen seines Be-
gleiters erkennen wir wer unter diesem Sabula sich verbirgt.[2])
Es ist niemand anders, als Cochläus. Derartiges verbreitete sich
rasch, ward mit Begier vom Volk gelesen und trug seine Früchte
— auch für Cochläus.

Aber der Zeit nach früher, der Wirkung nach bedeutend
peinlicher waren einige lateinische Spottverse,[3]) die der gelehrten
Welt die Heldenthat des Cochläus verkündeten: schon am Tag
nach jenem „Colloquium" sind sie in Worms, in unglaublich
kurzer Zeit in Nürnberg und Frankfurt bekannt. Sie mussten
überraschen: ein Mann, von dem man bisher nur gewusst: „er
kann die Grammatica und Musica gar säuberlich,"[4]) ein Glied der
Humanistenschaar, bei der gegenwärtig noch die Sympathien für
Luther's Sache im schönsten Flore stehen, ein erklärter Feind
Eck's — hat sich zu den „Romanisten" geschlagen! Wie wird
er seine neue Rolle durchführen? Wie wird er kämpfen? Mit
welchen Waffen? War in Bologna damals seine Rechtskenntnis,
so ist doch heute seine Bibelkenntnis recht jungen Datums; seit
seiner Doktorpromotion hat er sich ja meist mit Cassiodorischen
und anderen klassischen Studien beschäftigt. Somit liegen für
die nächste Folge eben nur jene glänzenden Waffen bereit, die
bei solchen Beschäftigungen auch von dem flüchtigen Arbeiter
erworben werden: eine schöne Anzahl rhetorischer Kunstgriffe,
z. T. in sehr schülerhafter Weise den Klassikern abgelauscht,
schülerhaft im Übermass verwendet, eine stattliche Menge aller
möglichen historischen Kenntnisse, ein Geschütz, dessen Trag-

---

[1]) Vgl. was Churfürst Friedrich seinem Bruder schreibt (Förstemann a. a. O., S. 15 Nr. 24) 4. Mai 1521: „e. l. glauben mir das nicht
allain annus vnd Cayffas wider Martinum seyn, sunder pylatus vnd
herodes". Anklänge an diesen Vorstellungskreis später (1524) auch bei
Pirkheimer: „De persecutoribus evangelicæ veritatis" etc. Pirkh. op.
Append. 385.

[2]) So schon Schade. Warum er aber unter Capra nicht Doctor
Bock aus Strassburg verstanden wissen will, bleibt unerfindlich; wer
sollte es sonst sein? Auch kann nicht, wie Schade will, die Abfassung
dieses Stückes Ende April fallen, da auf die Verbrennung der luthri-
schen Bücher in Worms angespielt wird, diese aber von Aleander erst
auf den 29. Mai vorbereitet wurde (Brieger: Aleander und Luther,
S. 218, vom 28. Mai). Wir werden Anfang Juni als Abfassungszeit an-
nehmen müssen.

[3]) Ihr Anfang bei Cochläus Commentaria a. a. O.; das ganze
Gedicht bei Kapp „kleine Nachlese" II, 496.

[4]) „Frag und antwort" etc. bei Böcking IV, 611.

weite bisher, als es sich um humanistische Gefechte gehandelt,
allenfalls hingereicht.

In jener oben erwähnten Invektive gegen die lutherischen
Briefe an Leo X. schon hatte er mit diesen Waffen sich gegürtet:
„Quousque tandem abutere Catilina Saxonice patientia nostra?
quam diu nos etiam furor ille tuus eludet? quem ad finem sese
effrenata iactabit audacia?" so hebt er an, so geht es noch eine
Weile weiter fort. Als er im Sommer 1521 für Emser die Feder
ergriff, den fünfundzwanzigjährigen Aufenthalt Petri in Rom gegen
Luther zu verteidigen,[1]) beliebte folgender Eingang: „Tunc un-
quam Luthere coelum, cuius Janitorem tot inauditis impie incessis
contumeliis ita sectaris, non dico intrare sed vel adire vel ianuam
eius pulsare praesumas?" Solche Schultiraden schrieb der 42jährige
Mann in denselben Zeiten, als Luther zum grossen Gang nach
Worms sich vorbereitete und auf einsamer Bergveste um die
Übersetzung der Bibel sich mühte!

Aber nicht nur Cicero darf den Ketzer niederschmettern,
Cochläus verheimlicht uns auch die Namen der übrigen Klassiker
nicht, zu deren Kenntnis er es gebracht hat. Wenn er in der
Schrift „An den Adel" liest: „Ich erachte, wenn schon der Papst
mit seiner unerträglichen Schinderei uns Deutsche nicht beraubte,
hätten wir dennoch mehr denn zuviel an dieser heimlichen
Räuberei der Seiden- und Sammetkrämer," so ruft er Cäsar,
Strabo, Mela, Solinus, Plinius, vor allem aber Tacitus zu Zeugen
für den einstigen traurigen Zustand Deutschlands auf, verliert
sich in seitenlangen Wiedergaben ihrer Behauptungen und beweist,
dass der jetzige glänzende Zustand gerade durch diesen Handel
heraufgeführt worden. Und wie hätte Cassiodor im Versteck
bleiben dürfen, auf den er doch so viele Mühe verwandt! Immer
wieder wird sein Briefwerk aufgeschlagen: da steht es ja, dass
Athalarich, der Arianer, so pietätvoll vom Atrium Beati Petri
Apostoli gesprochen, „Geh nun Luther, der du kein Arianer sein
willst, und behaupte, Petrus sei nicht in Rom gewesen!" Und
aus nachgotischer Zeit wird Narses an die Oberwelt befohlen
und Luther seinem Ebenbild zur Seite gestellt; wie Narses einst
aus persönlicher Rachsucht die Longobarden gerufen und damit
über Italien die schrecklichsten Plagen gebracht, so hat Luther
aus der Fehde mit Eck Jammer und Irrsal über Deutschland
heraufbeschworen.

---

[1]) Assertio Joannis Cochlæi pro H. Emsero contra Lutherum de
XXV annis S. Petri in Ecclesia Romana Francfordiæ VI die Junii
a. 1521. Miscell. libr. p. 14.

Solche Lesefrüchte hat er abgelagert vor allem in einer
schwungvollen Mahnrede, die er an die deutschen Fürsten im
Jahre 1522 gerichtet, aber ebenso wie die beiden oben berührten
Reden erst 1545 hat drucken lassen.[1]) Wenn er in ihr unter
anderem von der Widerspenstigkeit Luthers in Worms spricht, so
verfehlt er nicht zwischen den Bischöfen, Fürsten und Gelehrten,
die dort um das Seelenheil des Ketzers sich bemüht, aus dem
Hintergrunde seine eigne Gestalt durchblicken zu lassen: „Neque
defuit, qui cum eo velit vel ad extremum vitæ periculum, sub
judicibus a Cæsare Principibusque designandis super erroribus
eius disputare".

Ungestraft mochte er sein Pathos spielen lassen, solange
er derartige Stilübungen den verschwiegenen Fächern seines
Pultes anvertraute; anders, wenn er mit ähnlichem an die
Öffentlichkeit trat! Gegen Ende des Jahres 1522 erschien seine
Schrift: „De gratia sacramentorum liber unus Joan. Cochlæi
adversus assertionem M. Lutheri". Sehen wir ganz ab vom
sachlichen Wert oder Unwert derselben, fassen wir nur Vorrede
und Schlusswort ins Auge — was ist das für ein grossprahle-
rischer, hochweiser Ton, den er hier anschlägt! An die den
schönen Studien hingegebene Jugend Deutschlands wendet er sich
mit der Erklärung, durchaus nicht er sei, wie die Lutheraner
glaubten, ein Verächter der Wissenschaft: das sei vielmehr Luther;
der habe den bewundernswerten Melanchthon gänzlich dem
Studium zu entfremden gewusst. „Über diesen Verlust des einen
Philippus trauerte ich mehr, als über den von hundert Luthern!"
Diesen Jüngling Luthers Klauen und der „Hussitischen Barberei"
zu entreissen, habe er bisher immer noch gehofft. Angesichts
des raschen Umsichgreifens aber dieser „lutherischen Pest" gebe
er nun diese Hoffnung auf; wolle dafür aber nun öffentlich mit
diesen „neuen Hussiten" handeln. Nicht als masse er sich an
— setzt er mit wohlberechneter Bescheidenheit hinzu — in Geist,
in Stil, in Gelehrsamkeit ihnen gleich zu sein, er wisse, wie
gering seine Begabung; nur die Seinigen wolle er warnen vor
den Irrtümern, die bei jenen entstanden seien. Mit dieser Bescheidenheit harmoniert nicht völlig, was er wenige Zeilen vorher
sagt, er habe Luther zu Worms eine Disputation vorgeschlagen:
„At homo perfrictæ frontis qui toties provocaverat omnes in
unum, ab uno toties tamque liberaliter provocatus, congredi
recusavit in suorum conspectu". Den Gipfel erklimmt seine Be-
redsamkeit im Schlusswort: „Viros arma decent"; würden die

---

[1]) Exhortatio Joannis Cochlæi etc. Francfordiæ V die Martii
1522, u. u. O. p. 30.

Lutheraner mit Waffen des Geistes gegen ihn streiten und nicht
mit Schimpfworten, so werde er es nicht unter seiner Würde
halten, weiterhin in Kampf sich einzulassen. Noch einmal ruft
er: „Viros arma decent!"

„Colum decent mulieres et colus decet mulieres" ruft Luther
zurück[1]) in „Adversus armatum virum Cocleum", und nun stürzt
eine Flut von Hohn und Gelächter über den Rufer nach Waffen
daher, über diesen „Hektor" an Mut, diesen „Perikles" an Wohl-
redenheit; die bittersten Dinge bekommt Cochläus zu hören,
vor allem, dass er mit dem gewandten Eck gar nicht zu vergleichen sei!

Damit war für Luther der Handel auf immer abgeschlossen;
für Cochläus hub er erst recht an, um sein Leben hindurch zu
dauern; erbittert fährt er los: „Adversus cucullatum Minotaurum
Vuittenbergensem Jo. Cochleus de gratia sacramentorum iterum".
An Grobheit steht die Erwiderung der lutherischen nicht nach, doch
fehlt jeder Witz; die lutherischen Pfeile kehrt Cochläus um und
schiesst sie noch einmal ab, trotzdem ihre Spitze stumpf geworden.

Die Bedeutung, die diese Schrift für uns hat, besteht in
den Aufschlüssen, die uns über das Verhältnis von Cochläus zu
Wilhelm Nesen erteilt werden. Der Humanist Wilhelm Nesen,
ein treuer Anhänger Luthers, war kurz nach Cochläus in Frankfurt ansässig geworden und hatte — in weit höherm Grad als
dieser — die Liebe bevorzugter Männer, eines Fürstenberger,
eines Hamau Holzhausen sich erworben. Beide waren anfangs
freundschaftlich zusammengekommen, bis das Ereignis auf dem
Reichstag dem ein Ende gemacht. Nesen scheint in übermütiger
Laune dem Cochläus kurz nach dessen Rückkehr die über ihn
umlaufenden Spottlieder mitgeteilt zu haben. Fortan bestand
bittre Feindschaft. Als gar Luther in seiner Schrift Nesen mit
in den Handel hineingezogen, stürmte Cochläus auch gegen diesen
aufs Heftigste los.

Dass er mit dem alten Kreise nichts mehr zu thun hatte,
war schon vorher klar geworden. Gerade an die Liebfrauen-
kirche hatte Hutten zwei Fehdebriefe angeschlagen, in denen er
den „Curtisanen" den Krieg erklärte; unter ihnen war ohne
Zweifel Cochläus mitverstanden. Auf Huttens Seite aber stand
Fürstenberger. Andre Adliche, vor allem Hartmut von Cronberg,
setzten dem Pfarrherrn Peter Meyer scharf zu, und mit ihm war
doch Cochläus befreundet.[2]) Immer geneigter zeigte sich die
Stadtbevölkerung den Neuerungen; die Geistlichen hatten über

---

[1]) Erl, Frankf. Ausgb. op. var. arg. VII. p. 44 ff.
[2]) Vgl. Böcking II, 114 ff. und Steitz, Archiv a. a. O. S. 112 ff.

Unbillen zu klagen, die ihnen geschehen. Kurz — bei der Stellung, die er zu der Frage des Tages genommen, musste Cochläus lieber heute als morgen ein Loskommen aus Frankfurt für wünschenswert ansehen!

III.

Als mit Hadrian VI. ein Mann den Stuhl Petri bestieg, dem es ernst war mit der Sache der Religion, begann man in Rom einen neuen, kräftigen Anlauf zur Hebung der kirchlich-religiösen Zustände, zur Niederwerfung der feindlichen Regungen in Deutschland. Von den Absichten und Versuchen dieses Papstes ist an dieser Stelle nicht zu reden,[1] nur an ein Bestreben darf erinnert werden: Hadrian gedachte, theologisch gebildete, tüchtige Leute direkt zu unterstützen, womöglich ihnen persönlich nahe zu treten, nach Rom selbst sie für längere oder kürzere Zeit zu berufen. Der Grund liegt nah. Wohl war an manchen Orten Deutschlands scharf gegen die sektiererische Bewegung geschrieben worden; aber der Erfolg solcher Bekämpfung schien doch gesicherter, wenn ihr eine einheitliche Leitung von Rom aus zu teil wurde, wenn die Streiter hier ihre Erfahrungen mitteilten und Direktiven für weiteres Vorgehen erhielten.

Nun hatte Cochläus im Frühjahr 1523 ein Büchlein ausgehen lassen, dass zufolge seiner Fassung wenn auch nicht bei den abtrünnigen, so doch bei den noch schwankenden Gemütern im Volk sich eine Wirkung versprechen durfte. Es war ein Fortschritt, dass es deutsch geschrieben. Der Titel lautet: „Ein christliche vermanung der heiligen stat Rom an das Teutschland, yr Tochter im christlichen glauben durch Johannem Cochleum. Verteutscht durch Doktor Johannem Dietenberger."[2] Die heilige Stadt wird redend eingeführt; sie wirft der einst so treuen

[1] Vgl. Ranke: „Die römischen Päpste" Bd. 1, S. 60 ff. (Ges. W. Bd. 27). Leipzig 1874. — Maurenbrecher, „Gesch. der kath. Reformation". Bd. 1., Nördlingen 1880, S. 202 ff. — Höfler a. a. O.

[2] Gegenseitig haben sich C. und Dietenberger bei ihren litterarischen Bestrebungen unterstützt; letzterer, im deutschen Ausdruck gewandt, hat nicht wenige Schriften des C. übersetzt; C. bereitete am 17. September 1523 zwei Schriften Dietenbergers: „der Bauer" und „der leye" zum Druck vor, die dieser selbst im Pult hatte ruhen lassen wollen; C. sagt in der Vorrede zum „leyen": „habe ich etliche (Schriften D.s) hinder im in gutem stillschweigen meinem Trucker zugestellt"; doch sind beide erst 1524 erschienen.

2*

Tochter den ungewohnten Ungehorsam vor und zeigt wie gottlos
der Buhle sei, mit dem sie sich jetzt eingelassen; Luther wird
verglichen mit Kain, mit Ismael und anderen schlimmen Gesellen.
Sie solle sich seinen Armen entreissen und zur liebevollen Mutter
zurückkehren. Gewidmet ist das Buch Hadrian selbst, und an
ihn wendet sich Cochläus in der Vorrede.

Wir greifen wohl nicht fehl mit der Annahme, dass dieser
Schrift zumeist Cochläus es zu danken hatte, wenn ihm der Vorschlag, nach Rom zu kommen, gemacht wurde. Aber die Reise
hatte ihre Schwierigkeiten. Cochläus hatte schon im vergangenen
Jahr an eine Verlegung seines Wohnortes unter Beibehaltung
seines Amtes gedacht und zu dem Behuf ein päpstliches Indultum
erwirkt, worin darauf hingewiesen wurde, wie er lutherfeindliche
Schriften nicht ohne Gefahr in Frankfurt herausgeben dürfe,
weshalb das Kapitel ihn anderswo seine Bezüge geniessen lassen
möge.[1] Aber dem stand Herkommen und Gesetz entgegen, und
das Kapitel verschob die Entscheidung. Am 20. September 1523
trat dann Cochläus noch einmal vor das Kapitel mit dem An-
sinnen, man möge ihn längere Zeit beurlauben, er beabsichtige
eine Reise nach Rom, mit Hinweis darauf, was ihm „Luthers
halben vor synem Huss gesch<cen“.[2] Diesmal wurde der Wunsch
gewährt: am 21. September schon besteigt er das Frühschiff
nach Mainz, um von dort aus die Reise zu Pferd zu beginnen.
„Got geb im glück!“ ruft ihm Königstein nach.

Ja, sein Glück konnte man in Rom schon machen! Da war
Johannes Faber,[3] der sich im Herbst 1521 zu einer solchen
Pilgerfahrt rüstete; dieser wieder hatte an Eck einen Vorgänger,
und zwar — dürfen wir dem Zeugnis eines Freundes von Faber
trauen — einen Vorgänger, dessen Erlebnis und Befinden am
päpstlichen Hof eine Nachfolge als nicht unvorteilhaft erhoffen

---

[1] Königstein a. a. O. Nr. 152 zum 10. Dezember 1522.
[2] Königstein a. a. O. Nr. 180; dass er nicht auf eigene Hand
die Reise gemacht, sagt er zu Cervino (31. Okt. 1545) bei Druffel
Monument Trident Nr. 225: „Eram enim tunc in urbe iussu Adriani
papæ sexti illuc vocatus“.
[3] Vgl. Horawitz „Johann Heigerlin (genannt Faber)“. Wien,
1884, S. 28 ff. — S. 29: „Sed de Fabro subdubito. Est enim adhuc
vegetus et pluribus eget. Quare etiam Romam ivit dicaturus P. M.
librum quendam (ut aiunt) contra Lutherum; olfecit enim Pontificis
liberalitatem in Eccino; ... ubi redierit e lerna malorum aureum sa-
lutabimus.“ — Dass Faber später trotzdem noch Ferdinands Beutel
tapfer in Anspruch nahm, ersieht man aus einem Brief des Botzheim
an Erasmus (Burscher Spicil. XIX) vom 24. Aug. 1523, worin auch das
witzige Wortspiel „Juda Constantior“, Faber war bekanntlich bischöf-
licher Vikar in Constanz.

liess. Und Faber konnte eine kräftige Unterstützung sehr wohl brauchen, er war tief verschuldet. Sie ist ihm geworden, und im Blick darauf durfte Hadrian in seiner Einladung an Erasmus schreiben, es würde ihn gewiss ebenso wenig wie Johann Faber die Reise gereuen.[1] Auch Cochläus sollte Grund haben, mit dem Ergebnis zufrieden zu sein.

Über Reise und Ankunft erfahren wir nichts; überhaupt, er hat sein Leben über fast nie etwas von dem römischen Aufenthalt verlauten lassen.

Mehr, als die zwei Bücher „de autoritate ecclesiæ" die er noch in diesem Jahre schrieb und im folgenden in Rom herausgab, interessiert uns ein Memorandum, das er hier anfsetzte, aber erst nach mehr als zwanzig Jahren in seinem Opuscula abdrucken liess.[2] Ob er es höheren Orts vorgelegt, wissen wir nicht; dass es aber dazu bestimmt, ist aus der Form deutlich zu erkennen. Er hat ihm den Namen gegeben: „Duæ viæ agendi ad tollendum in religione dissidium Lutheranum". Cochläus kennt einen Weg der Milde und einen der Strenge. Falls man den ersteren wählen sollte, schlägt er folgendes vor:

1) Man lobe die alte deutsche Frömmigkeit, warne vor dem Abweichen von derselben, mit dem ein Verfall auch zeitlicher Güter, von Macht und Ansehen verbunden sein würde; Beispiele seien die Griechen und Orientalen; „Qua de re duas scripsi exhortationes sub hoc titulo: Roma Germaniæ" setzt er hinzu.

2) Betreffs der „Gravamina" hebe man hervor, dass erst nach Beseitigung der Häresie entsprechende Massnahmen thunlich erscheinen könnten.

3) Man widerlege Luther artikelweise; das Volk müsse sehen, man gehe nicht nur mit Befehl und Verbot, sondern auch mit Schrift- und Vernunftgründen vor; ein guter Anfang sei gemacht durch Fisher, Dietenberger, Faber und ihn selbst; doch liessen sich leicht noch 200 bis 300 Artikel widerlegen.

4) Man gestatte Kaiser und Kurfürsten eine Disputation anzuordnen zwischen Luther und seinen Gegnern, auf gleiche Gefahr beider Teile hin, ohne sichres Geleit, so, dass der als besiegt erklärte, sofort bestraft werde. Dietenberger, Cochläus,

---

[1] Erasm. op. tom III, p. 735, ep. 639 (ed. Lugd) vom 1. Dez. 1522: „Nos vero vicissim dabimus operam et brevi cum dei auxilio, ut ne te istius itineris aut tam sancti laboris poeniteat. Prout dilectus filius, magister Joannes Faber, vir zelosus et egregie doctus, tuique amantissimus, et magnus laudum tuarum ubique praeco, tibi viva voce vel scriptis latius explicabit".

[2] Miscellaneorum libri III, p. 113[b] sqq.

Mensinger, Faber, Eck würden sich dazu bereit finden lassen: Luther gewiss nicht; er wisse wohl, ihn werde die Strafe treffen: gerade aber die Weigerung seinerseits werde die Sache der Kirche vor den Augen des Volks wesentlich zu heben vermögen.

5) Inzwischen lasse man Widerlegungen der barbarischen Dogmen der Ketzer für das Volk ausgeben.

6) Man fordere von den Bischöfen Besserung ihres Klerus, Beseitigung des Konkubinenwesens und der Faullenzerei.

7) Man stelle Prediger von reinem Wandel an, die wahre Lehre dem Volk zu verkünden, auf die lutherischen Irrlehren hinzuweisen, aber ohne Schmähen, mit Milde, aus Mitleid.

8, 9, 10) Man verbreite Bücher, die zur Förderung der Verehrung der h. Jungfrau, der Messe, der Exequien und Vigilien dienlich.

Will man dagegen den Weg der Strenge einschlagen, so weiss Cochläus folgenden Rat:

1) Man beschwere sich beim Kaiser über die Schmähungen gegen den päpstlichen Stuhl, die Nichtbefolgung des Edikts;

2) bei den Fürsten zumal Ferdinand, dem Pfalzgrafen, Herzog Georg über ihr Verhalten auf dem jüngsten Reichstag, über die Veröffentlichung der dortigen Verhandlungen, die zur Aufreizung des Volks wesentlich beitrage; derartiges zieme katholischen Fürsten nicht, sie leisteten Luther damit Vorschub.

3) Man stelle die geistlichen Fürsten zur Rede, die in eine solche Antwort für den Nuntius gewilligt.

4) Man beschwere sich über die Lässigkeit der Bischöfe bei Unterdrückung der lutherischen Bücher.

5) Ihr jeweiliger Offizial soll gegen die lutherischen Prediger einschreiten; zwei oder drei ihm beigegebene Theologen möchten es erst mit Überredung versuchen, fruchte diese nicht, so solle er mit Strafe auftreten.

6) Die Bischöfe sollen die Theologen, die gegen Luther schreiben, mit Geld unterstützen und so den Druck ermöglichen.

7) Man mahne die Fürsten, die lutherische Sekte nicht länger zu dulden, deren Stifter gegen viele von ihnen so heftige Schmähungen ausgestossen: diese länger zu ertragen, sei unwürdig.

8, 9, 10) Basel und Strassburg soll den Druck, Frankfurt den Messvertrieb lutherischer Bücher fortan verhindern.

Dieser Entwurf zeigt, wie wir uns die Thätigkeit vorzustellen haben, an der Cochläus damals in Rom teilgenommen: da werden alle Möglichkeiten durchgesprochen, alle Streitkräfte, alle Mittel erwogen, da werden Massregeln lokaler Natur in Vorschlag gebracht von solchen, die als Deutsche mit deutschen Verhältnissen vertraut.

Jene „via mitior" entspricht völlig der Haltung, wie wir sie bisher an Cochläus wahrgenommen; sie hält sich fern von politischen Gedanken; wer auf ihr zum Ziel zu gelangen meinte, verkannte den politischen Charakter, den die Bewegung mit der Zeit angenommen. Dass Cochläus immer wieder in diesen Fehler verfiel, wird uns des öftern noch begegnen. Hier finden wir ja auch sein zweifelhaftes Heilmittel vom Wormser Reichstag wieder vor, nur dass er diesmal ehrlicher ist und es nahelegt, wie gefahrlos dieses „ad aequale periculum"!

Jene „via austerior" zeigt andrerseits doch eine Kenntnis davon, wie Rom sich die nächsten Schritte dachte, sie thut weitere Blicke, zeigt tieferes Verständnis: hier sind schon die Ideen eines Campeggi bemerkbar, durch den Cochläus erst zu dem werden sollte, als der er uns späterhin begegnet, dessen Autorität er rückhaltlos anerkannte, dessen Wink er stets gewärtig blieb. Geboren ist dieser zweite Vorschlag mitten heraus aus der gereizten Stimmung die am päpstlichen Hofe Platz greifen musste, als Chieregati mit jener scharfen Antwort der Stände angelangt, als man von der durch den Druck ermöglichten, allseitigen Verbreitung der „Gravamina" gehört. Wir wissen, wie Campeggi wirklich am nächsten Reichstag seine Entrüstug darüber geäussert;[1] wie weiterhin von ihm auf dem Regensburger Konvent die Vorbereitung zu jener grossen litterarischen Bekämpfung getroffen wurde, von der der erste Vorschlag redet.

Man hat beabsichtigt, Cochläus in Rom zu behalten; eine Stelle in der „Penitentiaria" wies Clemens VII. ihm an;[2] die Bedingungen waren günstig, doch zog Cochläus vor, nach der Heimat zurückzukehren, aus Eifer, wie er später angab, für die römische Kirche all seine Kraft im Kampfe einzusetzen.

Ohne Zweifel[3] ist Cochläus zusammen mit Kardinal Campeggi von Rom aufgebrochen und nach Nürnberg auf den Reichs-

[1] Johannes Janssen: „Gesch. des deutschen Volkes", Bd. II, S. 328. Freiburg, 1879.
[2] Cochl. an Cervino 31. Okt. 1545 bei Druffel Mon. Trid. Nr. 225.
[3] Dies wird allerdings nirgends berichtet; wer aber die Sendung Campeggis in den „Commentaria" des Cochläus liest, den wird es überraschen, wie breit er bei der Reise des Legaten wird, während er sonst knapp zu referieren pflegt. Da steht: „Ille ergo Roma egressus Calendis Februarii per Italiae urbes iter faciens ac honorificentissime ubique exceptus, Bononiae in patria sua (ubi et Episcopus erat) diebus aliquot substitit in domo paterna et missum solemniter in Cathedrali Ecclesia celebravit praesente maxima populi multitudine". Woher hat C. diese Details? wozu führt er sie auf, in ihnen allen liegt

tag gereist; seine Ankunft wäre dann hier am 14. März 1524
erfolgt.

Der Gedanke, den wir in jenen Jahren nicht selten ausgesprochen finden:[1]) Deutschland ist nicht mehr das alte, eine
neue Zeit, eine neue Nation, eine neue Erde ist erstanden, plötz-
lich und über Nacht — musste er sich nicht auch Cochläus auf-
drängen, als er die Stadt wieder betrat, die, seitdem er sie
verlassen, ein so völlig andres Aussehen erhalten hatte? Früher
waren es doch erst einzelne Männer gewesen, die den lutherischen
Ideen gehuldigt, heut galt die ganze Stadt als vornehmster Hort
der neuen Lehre im Lande weit und breit! Da lag nicht fern
von Nürnberg sein Heimatsort Wendelstein — eine der ersten
Gemeinden, die sich von Grund aus reformiert im Sinne des
Wittenbergers, wie sie es selbst in einer Schrift dieses Jahres
der Welt verkündete.[2]) Und nun der berühmte Bürger Nürnbergs
der einst sein wohlwollender Gönner gewesen — oder war es
Pirkheimer heute noch? doch wohl nicht; er hatte den Briefverkehr mit Cochläus abgebrochen; was ihn dazu bewog, sagt er
uns in einem Brief an Emser.[3]) Verhasst in tiefster Seele waren
ihm jene Hetzereien, in die er Cochläus mit der Zeit verstrickt
sah; er hatte es ja an sich selbst erfahren müssen, wie giftig
ein Eck gegen alles losfuhr, was ihm im Wege war! Nun sah
er Cochläus auf der selben Seite. Er bat ihn, er möge von
diesem Treiben abstehen, aber vergebens: da weigerte er weitern
Verkehr. Oft that es ihm leid, gern hätte er dem Freunde sich
gefällig erwiesen, um zu beweisen, nicht von diesem, nur von
der Sache, in die er sich eingelassen, habe er sich abgewandt;
doch bot sich hierzu keine Gelegenheit.

Auch andern gegenüber rät er zum Frieden. Lieber selbst
etwas besseres schaffen, als immer nur Luther's Schriften herunter-
reissen: so hätte Emser besser gethan, er hätte statt seiner
„Annotationes" zum lutherischen Testament eine neue Übersetzung
geliefert: man würde erkannt haben, um den gemeinen Nutzen
der Christenheit seis ihm zu thun, nicht um die Feindschaft gegen

---

doch kein wesentliches Element? Klingt es nicht wie der Bericht eines
solchen, der du alles miterlebt, der ein Begleiter des Legaten gewesen? Unterstützt wird unsere Vermutung dadurch, dass wir einen
Brief von C. haben mit dem Datum Trident 28. Februar 1624 in
„Responsio in epistolam cuiusdam Lutherani. Stuttgardiae", 1524.

[1]) Vgl. die Äusserungen bei Kampschulte: „Commentatio de
Croto Rubiano", Bonn 1862, S. 15 A. 1.

[2]) „Eine merkwürding Rede der Gemeine zu Wendelstein etc."
gedruckt a. 1524, bei Riederer, Nachrichten zur Kirchen-, Gelehrten-
und Bücher-Geschichte II, 333.

[3]) Nürnberg 10. Aug. 1523, Riederer, Nachrichten I, 206.

Luther. Mit Schmerz sah er, wie seine alten Freunde untereinander sich befehdeten; als Erasmus seine Feder zur „Spongia" spitzt, bittet er ihn,[1]) sie niederzulegen; aber auch hier fand sich kein Ohr für ihn. Freilich hat er diesmal den eifrig gepflegten Verkehr nicht fallen lassen.

Wir hatten oben aus den Vorschlägen des Cochläus seine Gedanken über den letztvergangenen Reichstag von 1523 herauslesen können — wie dachte denn wohl Pirkheimer darüber? Erasmus hatte sich beklagt über das stürmische Wesen, mit dem gewisse Lutheraner die Sache des Evangeliums betrieben. Gewiss, da dürfe man manches anders wünschen, erwidert Pirkheimer.[2]) Aber machen es nicht die Gegner noch viel schlimmer? Merkt denn Rom nicht, wie gefährlich es ist einem Eck, Hochstraten, Aleander das Schwert in die Hand zu drücken? Sophisten sind sie „homines insani, temulenti, temerarii, fastu et arrogantia repleti". Wohl habe der Bescheid Hadrians im Sinne jenes „nec inventus est, qui faceret bonum, et nec unus quidem" gelautet — aber mit blossen Worten lasse man sich nicht abspeisen. „Wohl verspricht er viel, aber ob ers wirklich will? und wenn ers will, ob ers kann? und wenn ers kann, ob ers thut?" Mancher zweifelt daran! Vollends hat Chieregati durch empörendes Benehmen in Nürnberg das Ansehen Roms noch mehr in Misskredit gebracht!

Seit diesen Äusserungen war ein Jahr dahingegangen; seitdem hatte sich diese Gesinnung nicht geändert, eher verstärkt. Wir haben eine Aufzeichnung von Pirkheimer aus der Zeit kurz nach Schluss des Reichstags 1524. Was er während derselben von Wesen und Absicht der lutherfeindlichen Partei kennen gelernt, lässt ihn nicht schweigen, laut will er verkünden, wie es mit diesen „Verfolgern evangelischer Wahrheit" steht;[3]) an alle Deutschen will er seine Stimme richten, ohne Zweifel, sie wird auch zu den fremden Nationen dringen. Soweit teilt er uns seinen Entschluss mit; nach der Ausführung suchen wir in Pirkheimers bisher bekannt gewordenen Papieren vergeblich. Aber da ist ein andres Fragment:[4]) es berichtet voller Entrüstung vom Benehmen Campeggis gegen den Mathematiker Schoner, wie er ihn in gemeinster Weise ausgebeutet, belogen und betrogen.

---

[1]) Pirkheimer an Emser l. c.
[2]) Strobel: „Vermischte Beiträge zur Geschichte der Literatur", Nürnberg 1775, S. 163 ff.
[3]) „De persecutoribus evangelicæ veritatis", Pirkh. oper. p. 385.
[4]) „Egregium factum Cardinalis Campegii Nurenbergæ" bei Strobel a. a. O. S. 98.

Nun hat sich Cochläus gerade an Campeggi aufs engste angeschlossen; von seiner Wirksamkeit verspricht er sich Wunder für das Wohl Deutschlands; seine Gedanken macht er sich zu eigen, für ihn arbeitet er, für ihn verfasst er Entwürfe[1]) gerade hier in Nürnberg. Und doch trotz alledem die Freunde kommen hier wieder zusammen. Cochläus mag sich Pirkheimer genähert, sich ihm wie früher untergeordnet haben, die religiöse Sache mag möglichst unbesprochen geblieben, der Verkehr kühl gewesen sein, wie er es in dem nun wieder aufgenommenen Briefverkehr vorerst war — schwer begreiflich bleibt es uns immerhin!

Der erste Brief,[2]) den er an Pirkheimer schrieb, trägt das Datum, „Stuttgart 3. Juni 1524". Dahin hatte sich Cochläus nach dem Reichstag im Gefolge Campeggi's begeben. Von hier reiste er, wie es scheint, direkt nach Regensburg. Auf dem dortigen Konvent spielte er die Rolle eines Dolmetschers beim Kardinal, soweit die Verhandlungen deutsch geführt wurden, und gehörte zu der Kommission, die über die Reform des Klerus zu beraten hatte.[3]) Auch zu anderem Dienst noch verwendet ihn der Kardinal:[4]) er soll, wohl gelegentlich seiner Heimkehr, die Rheingegenden bis Mainz bereisen, um über die religiös-kirchlichen Verhältnisse genauen Bericht erstatten zu können. Ob und wie er dem Auftrag nachgekommen, wissen wir nicht; im Jahr darauf aber hat er über Vorgänge in Frankfurt und Mainz dem Kardinal referiert, die wir gleich zu berühren haben werden.

Etwa Mitte August kehrte Cochläus nach Frankfurt zurück; reiste aber schon am 20. September nach Mainz ab.[5]) Hier galt es jetzt die in Regensburg geplante systematische Widerlegung der Irrlehren in Angriff zu nehmen. Eine stattliche Reihe von Theologen war damit beauftragt. Dem damals für November 1824 in Aussicht stehenden Reichstag sollte das Resultat ihrer Bemühungen vorgelegt werden. Man hatte die Arbeit verteilt, so sollte z. B. Cochläus die deutschen Predigten Luthers zerzausen. Die Schriften selbst, um deren Bekämpfung es sich handelte, waren in reicher Anzahl bequem beschafft worden, indem die Mainzer die durch das Edikt verbotenen Bücher an den Vikarius des Erzbischofs abgeliefert, dieser den betreffenden Richtern sie

---

[1]) „Necessitas resistendi sectarum novitatibus, Scripta Nurenbergiæ A. 1524 Sub Card. Campegio Legato" in Miscell. libr. III, p. 116 b.

[2]) Heumann, S. 50.

[3]) Comment. d. A. ct. J. M. Lutheri sub a. 1524.

[4]) Campeggi 5. Juni 1524, 19. Aug. 1525 bei Balan „Monument. Reformationis. Ratisponae. 1884. p. 476 u. 520.

[5]) Cochläus an Nausea 19. Sept. 1524 in epp. miscellan. ad Nauseam Basileæ 1550, p. 27.

übermittelt hatte. Man durfte nicht säumen! stand doch der
Reichstag vor der Thür: zu gleicher Zeit diktierte Cochläus zwei
Schreibern lateinisch und deutsch seine Sätze.[1]) Wie schade um
die Mühe, nun der Reichstag gar nicht zustand kam! Ganz vergeblich wollte er nicht gearbeitet haben, wenigstens teilweise und
nach und nach gab er seine Elaborate ans Licht: zuerst „Confutatio XCI articulorum e tribus Lutheri teutonicis sermonibus",
dann „Articuli CCCCC Martini Lutheri ex sermonibus eius
sex et triginta, quibus singulatim responsum est a Johanne
Cochlæo".

Nachdem er den grösseren Teil des Winters mit kurzer
Unterbrechung von Frankfurt fern gewesen, sehen wir ihn am
5. April 1525 dortselbst die Dankesmesse zelebrieren, die für
den Sieg bei Pavia angeordnet war.[2]) Königstein, der von dem
Erfolg des Kaisers erzählt, fügt hinzu „Gott geb, dass er auch
die Lutherische sekta uss dilge und übberwind!" Schon zogen
sich drohende Wolken zusammen, die diesen Wunsch dringlicher
als je machen mussten. Die Volksbewegung teilte sich auch
Frankfurt mit. Was an Gährungsstoffen an Ort und Stelle schon
vorhanden, ward von aussen vermehrt. „Etlich von der gemein
samt etlichen frumden person" rotten sich am 17. April zusammen. Es fallen Drohungen, man wolle die Klöster stürmen. Und
wirklich bricht die Menge bei den Dominikanern ein, versieht
sich mit Trank und Speise, ohne jedoch weiteren Schaden an-
zurichten.

Cochläus hatte schon früher manches Zeichen des Miss-
fallens von der Bürgerschaft erhalten. Er hielt es für das Ge-
ratenste am nächsten Tage sich mit einem andern Dekan davon
zu machen. Kaum waren sie fort, so trieb die Menge vor ihren
Häusern allerlei Unfug. Im Verlauf der weiteren Bewegungen
wurden die Geistlichen zur Anerkennung gewisser Artikel ge-
zwungen, die ihr Verhältnis zur Bürgerschaft regelten; es wurde
ferner gedroht, bestätige der flüchtige Dekan die besagten Artikel
innerhalb vier Wochen nicht, so nehme ihm die Gemeinde Dekanat
und Pfründe. Cochläus erklärte, seine Zustimmung nicht geben
zu können, und zog es vor, in abwartender Stellung zu verharren,
bis veränderte Sachlage eine Rückkehr ohne Zugeständnis ermöglichen würde. Mainz, das er zuerst aufgesucht, vertauschte
er bald, da er sich auch hier nicht sicher fühlte, mit Köln.[3])

---

[1]) Vgl. über diese Thätigkeit in Mainz die Vorrede zu „Confutatio XCI articulorum etc. III Non." Nov. 1524.
[2]) Königstein a. u. O. Nr. 207.
[3]) Königst. Nr. 208 u. 212. — Cochläus Com. de A. et S. Luth.
sub a. 1525.

In Köln traf ihn im Sommer 1525 Eck, als er auf einer Reise nach Deutschland begriffen war. Zum erstenmal, soviel wir wissen, sahen sie sich hier nach dem Zusammentreffen in Bologna wieder: jetzt finden wir sie in vertraulichem Umgang! Von Eck erfuhr Cochläus Genaueres über die Aufstände in Süddeutschland. Ein diesbezüglicher Bericht, den Eck für die Kurie aufgesetzt, wurde von Cochläus verdeutscht und veröffentlicht.[1]) Mit ihm besprach er gewiss aufs eingehendste die augenblickliche Lage: denn gerade um mit verschiedenen katholischen Streitern zu konferieren, hatte Eck die Reise angetreten. Vielleicht darf es uns deshalb erlaubt sein, an diesem Ort die beiden Männer einander vergleichend gegenüber zu stellen: man findet sie gar zu oft unter der Rubrik „Gegner Luthers" in einen Kasten geworfen, wie zwei verschiedene Namen für die gleiche willenlose Kreatur in den Händen Roms. In Wirklichkeit steht es doch weit anders!

In Auffassung und Abschätzung der Zeitverhältnisse steht Eck weit über Cochläus; er ist ein politischer Kopf, sieht das Wesentliche, erkennt, wo der Hebel anzulegen, und hat die Stirn rückhaltlos seine Meinung vorzutragen, sollten seine Worte auch manchen wunden Punkt empfindlich berühren. Cochläus weiss nichts von Politik, leicht entschwindet dem Vielgeschäftigen das Wesentliche, in fortwährender Täuschung befindet er sich über die relativ so geringe Wirkung aller jener Widerlegungen, die er und andere gegen Wittenberg geschleudert.

Ein Schreiben von Eck und eines von Cochläus liegen uns vor, um die nämliche Zeit verfasst, den nämlichen Gegenstand besprechend, aber wie verschieden beide! Eck berichtet[2]) an den Papst am 17. September 1525, dass auf Martini ein Reichstag nach Augsburg beschieden sei; man wisse nicht, was die weltlichen Fürsten in Abwesenheit des Kaisers dort vorzunehmen im stande seien: Ferdinand, Markgraf Casimir und der Pfalzgraf berechtigten durch ihr Verhalten zu grosser Besorgnis. Die Bischöfe seien lahm und lässig, der Trierer ausgenommen; mit ihm habe sich der notwendig erforderliche päpstliche Delegierte ins Benehmen zu setzen. Manches müsse geändert werden, die schöngesetzte Rede des Gesandten thue es nicht allein: „satius est cedere (aliqua) Se. Ap. quam cadere apud ecclesias Germaniæ!"

---

[1]) Cochläus a. a. O. Der Bericht Eck's bei Balan a. a. O. Nr. 238. Die Übersetzung von Cochläus am zugänglichsten bei Baumann: „Quellen zur Geschichte des Bauernkriegs in Oberschwaben", Tübingen 1876.
[2]) Balan a. a. O. 538.

Cochläus aber schreibt am 2. September an den Bischof von Strassburg:[1] nur die Minderheit der Fürsten sei dem Luthertum zugeneigt, und leicht könnte der andere Theil sie auf dem nächsten Reichstag auf seine Seite ziehen. So sei das Beste von diesem Reichstag zu erwarten, — wenn er nur seine ersehnte Disputation inscenieren dürfe. Und nun erzählt er die uns schon bekannten Bedingungen mit geringen Modifikationen: Wegfall des freien Geleits, Kampf auf Leben und Tod, Entscheid durch vom Kaiser und die Fürsten bestellte Richter. Wieder versichert der tapfre Gladiator, er fürchte sich nicht, für die katholische Lehre in den Tod zu gehen, schreibt jedoch zu seiner eigenen und des Bischofs Beruhigung wenige Zeilen darauf: „Ich glaube aufs bestimmteste, Luther wird auf solche Bedingungen hin nicht Folge leisten, und würde ers thun, so fürchte ich nichts, denn ich weiss, er kann dem Tod nicht entgehen, wo nicht die Richter lutherischer als Luther selbst gesinnt wären."

Der Reichstag, von dem Eck und Cochläus so verschieden dachten, ward vertagt; der vom Jahr 1526 aber sollte zeigen, wie begründet Ecks Besorgnisse.

Vom Papst mit einem Kanonikat bei St. Victor in Mainz bedacht, nahm Cochläus, nach einjährigem „Exil" in Köln, fortan in dieser Stadt seinen Wohnsitz.[2]

Hier traf er mit Friedrich Nausea, dem späteren Bischof von Wien, zusammen. Ihren freundschaftlichen Beziehungen ist eine Korrespondenz entsprungen, die eine der Hauptquellen für die Kenntnis vom Lebensgange des Cochläus bildet: eine Biographie des letzteren ist nur unter steter Mitberücksichtigung Nauseas denkbar. Jene Korrespondenz ist für uns leider eine einseitige: nur die Briefe des Cochläus, auch diese nur in trümmerhaftem Zustand, sind uns in einer reichhaltigen Sammlung von Briefen der verschiedensten Persönlichkeiten an Nausea erhalten.[3]

Auf jener Gesandtschaftsreise hatte Nausea, damals Sekretär Campeggis, Cochläus kennen gelernt. Nach dem Reichstag erhielt er den delikaten Auftrag, Melanchthon durch Versprechungen zu gewinnen: der Versuch schlug fehl.[4] Dann finden wir ihn wieder in der Umgebung des Kardinals in Italien, bis er durch Cochläus lebhaft empfohlen die durch Flucht Peter Meyers ledig

[1] Miscellaneor. libri III, p. 117b sqq.
[2] Com. de A. et S. M. Luth. sub anno 1526.
[3] Epistolarum miscellanearum ad Fridericum Nauseam Blancicampianum libri decem. Basileæ 1550.
[4] Camerarius: de Ph. Melanchth. ortu etc. (edit. 1566), p. 95.

gewordene Pfarrstelle in Frankfurt antrat. Mittlerweile hatten aber hier zwei lutherische Prädikanten Dionysius Melander und Johannes Algesheimer den grössten Anhang gewonnen, so dass Nausea bei seiner Ankunft im Beginn des Jahres 1526 Thür und Thor verschlossen fand und bei seiner ersten Predigt durch Singen, Husten und Lachen der Gemeinde zum Verlassen der Kanzel genötigt wurde. Für seine Thätigkeit fand er schliesslich einen Platz in Mainz, wo er seit Ostern 1526 mit Cochläus zusammen lebte.[1]

In Frankfurt war kein Boden mehr für Männer wie Cochläus und Nausea, wenn auch vielleicht einzelne Bürger mit ihnen noch in oberflächlichem Verkehr blieben. So haben wir einen schülerhaften Brief des später berühmten Rechtsgelehrten Johann Fichard, worin der damals 17jährige in gedrechseltem Latein beiden seine Verehrung zu Füssen legt. Mit dem Wonnebewusstsein einer stilistischen Grossthat ruft er Cochläus, der ihm zuerst geschrieben, zu: „At Deum immortalem, quantis me laudibus oneras; sed lapsus sum, ornas dicere volebam!“ Er sollte später allerdings Männer ganz anderer Richtung verehren lernen.[2]

Nach Frankfurt auch nur besuchsweise zurückzukehren, mochte Cochläus nicht wagen. Und doch hätte er es gerne gethan! Zwar seine Mutter war mit dem gesamten Hausrat zu ihm nach Mainz übergesiedelt; seine pekuniären Verhältnisse wollten aber lange nicht ins Reine kommen: dem fortwährend abwesenden Dekan gedachte das Kapitel seine Bezüge nicht mehr zugehen zu lassen. Nach erfolgter Klage ward jedoch durch Verabredung an drittem Ort sein Anspruch befriedigt. Das Dekanat verwaltete er nominell bis zum 27. November 1530.[3]

Wir schauen uns nach den Männern um, mit denen Cochläus Verkehr gepflogen.

Am Hof des Erzbischofs war es der Leibarzt Dr. Philipp Buchhammer, mit dem er in Verbindung stand, ein humanistischen Studien geneigter Mann; doch kennen wir ihn sonst nur als den, dem Georgius Sabinus seine „Electio et Coronatio Caroli V“ dedizierte. Jakob Spiegel, der Neffe Wimpfelings, mit dem Cochläus im Jahre 1521 sich in die vom Legaten gewährten Gelder

---

[1] ep. misc. p. 28, 30. Königstein Nr. 241, 245, 246, 250 und Anhang III, S. 205.
[2] Fichard an Cochläus Nonas. October 1526 (ep. misc.). — Vgl. über Fichard die Allg. Deutsche Biographie, Band VI, S. 757 (Stintzing).
[3] Vgl. den Brief des C. an sein Kapitel vom 24. Aug. 1527 (Frankfurter Stadtarchiv); dazu Steitz a. a. O. S. 109; Königstein, No. 439.

geteilt, die beiden dem edlen Vater[1]) sehr unähnlichen Söhne Christoph und Paul von Schwarzenberg bildeten auf dem Reichstag in Speier, wo Cochläus den Zuschauer spielte, seinen Umgang. Dem ebendort verweilenden Faber scheint er damals noch nicht näher getreten zu sein; seine Predigten gefallen ihm nicht, er möchte statt seiner Nausea auf der Kanzel sehn. Bald darauf aber finden wir sie in brieflichem Verkehr; durch Faber wohl trat er auch zu dem schlesischen Historiker Ursinus Velius in näheres Verhältnis. Mit Budäus und Clichtoveus in Paris tauschte Cochläus Briefe, ebenso mit dem bekannten Rechtsgelehrten Sichard in Basel.[2])

Neben alledem lief der wiederaufgenommene Verkehr mit Pirkheimer und der neu geknüpfte mit Erasmus.

Es ist hier nicht der Ort von Pirkheimers Abkehr von der neuen Lehre zu handeln;[3]) noch ist ein grosser Teil der Papiere dieses Mannes unbegreiflicherweise nicht veröffentlicht; bevor das geschehen, wird das letzte Wort über diesen Punkt nicht gesprochen werden können. Soviel scheint immerhin ersichtlich, der Grund dazu lag weniger, vielleicht gar nicht in religiösen Überzeugungen, sondern in äusseren Umständen, die für ihn allerdings von schmerzlicher Natur waren. Niemals aber ist er ein Freund der bestehenden römischen Kirche geworden, nie hat er seinen Verkehr mit lutherischen Anhängern, vor allem mit Spalatin aufgegeben. Auch jetzt noch ist seine stete Forderung an Cochläus, in seinem Streiten Mass zu halten.[4]) Immer

---

[1]) Vgl. Herrmann: „Joh. Freiherr zu Schwarzenberg", Leipzig, Tauchnitz 1841.
[2]) Cochl. und Buchhammer an Nausea ep. misc. pag. 56; Buchhammer stund in Verkehr mit Beat. Rhenan. Erasm. op. t. III, p. 1395. — Ranke, „Zur Kritik neurer Geschichtsschreiber" Ges. W. Bd. 67 über Georgius Sabinus. — Über den Speierer Aufenthalt C. an N. ep. misc. p. 47. — Faber an C. und N. 10. März 1528 ep. misc. p. 61. — C. an Pirkheimer (Heum. S. 54): „Ex Parisiis litteras accepi n Budæo et Clichtoveo" etc. — Sichard an N. ep. misc. p. 59. — C. schickt an Sichard Grüsse durch Erasmus op. Er. tom. III, p. 1739.
[3]) Neben dem geschmacklosen Tendenzbuch von Binder: „Charitas Pirkheimer", Freiburg i. B. 1878. 2. Aufl. berichtet über diesen Punkt die treffliche Schrift von Roth (s. oben) S. 190 ff. Was Höfler in seiner Notizenkompilation „Hadrian VI" darüber vorbringt, ist aus der Luft gegriffen; dass es sich mit dem Fragment, von dem er Seite 317/18 spricht, so verhält, wie Strauss behauptet, wird aus unseren früheren Bemerkungen im Text hervorgehn. Als Adrian längst tot, nach dem Reichstag von 1524, stand Pirkheimer gerade noch so, wie früher.
[4]) Die Briefe des C. bei Heumann a. a. O.; einer op. Pirkh., p. 395 vom 10. März s. a.; dass er ins Jahr 1529 gehört sagt schon

wieder muss er das betonen, immer wieder versichert Cochläus, dem Wunsche willfahren zu wollen — doch es blieb beim versprechen! Cochläus versteigt sich dabei zu merkwürdigen Ausserungen; er schreibt einmal, nicht die Lehre Christi allein, sondern auch die Paradoxen Ciceros nehme er zur Hand, um zu lernen, lieber Unrecht leiden, als thun. Wir erinnern uns, in welcher Absicht er vor 9 Jahren zu Bologna zu den Evangelien griff! Ein andermal gesteht er, ihn selbst ekle der schimpfende Ton, aber welcher andre sei anzuschlagen? Des Bücherschreibens sei genug, er wäre herzlich froh, man räumte wie mit den Wiedertäufern so auch mit den übrigen Ketzern gewaltsam auf. Gewiss sei es ihm bei seinen Schriften nicht um seinen Ruhm zu thun, die Zeitlage aber erlaube es einem wahren Katholiken nicht zu schweigen. „Lang genug bin ich umhergeirrt, habe verbannt gelebt, habe gestritten — nicht genug habe ich gebetet, nicht genug auf himmlisches meinen Sinn gewandt!" Das waren nun eben vorübergehende Stimmungen, die nicht viel auf sich hatten: Cochläus ging getrost seines Weges weiter und leistete noch im selben Jahr das Nonplusultra seiner geschmacklosen Pamphlete, den „Septiceps Lutherus".[1] Ja den Freund selbst fordert er in andern Briefen zur Theilnahme am Kampfe auf; besonders geeignet hält er ihn zu einer Schrift über Abstellung der Missbräuche und Reform der Sitten, die dem künftigen Konzil vorzulegen wäre; aber auch eine Satire gegen Luther, zu der Pirkheimer, wie es scheint, im Jahr 1529 neigte, hat seinen ganzen Beifall. Allerdings an der bisherigen Leistung Pirkheimer's, einer Schrift gegen Ökolampad sei doch ein wesentliches auszusetzen. Der Bischof von Rochester hatte geurteilt, das Buch sei gut, soweit es katholisch sei; in der Abendmahlslehre aber war Pirkheimer mit Luther gegangen. Und auch gelegentliche Bemerkungen in seinen Briefen waren Cochläus nichts weniger als genehm. Einmal hatte er über Clemens VII. abfällig geurteilt, ob über seine ränkevolle Politik, oder seine religiöse Indifferenz, wissen wir nicht; jedenfalls war Cochläus froh durch ein augenblickliches Gerücht, das den Papst tot sagte, einer Antwort überhoben zu sein: er stehe ja jetzt vor dem Richterstuhle Gottes. Aber auch über die anderen Päpste zieht Pirkheimer los, die meisten seien Häretiker gewesen. Cochläus weiss das von keinem, er habe doch den Platina fleissig studiert; allerdings müsse er ge-

---

Otto (S. 140 A. 2) ohne es zu beweisen; es ergibt sich aus dem Brief an Pirkh. 15. März 1529 (Heumann c. i. p. 43; vgl. dazu Erasm. op. tom. III, p. 1739, ep. 348.

[1] Siehe über diesen unten.

stehen, dass manche einen recht schlechten Lebenswandel geführt. Aber Pirkheimer kommt noch einmal auf einen lebenden Kirchen-fürsten, auf den Gönner des Cochläus, den Kardinal Campeggi; als „avare" und „nequiter" war ihm dessen Handeln bei der englischen Ehesache geschildert worden, das passte ja auch zu dem, was Pirkheimer früher von ihm erfahren hatte. „O wenn ich Zeit hätte", schrieb Cochläus zurück, „ich wollte Dir die ehrenvollsten Zeugnisse schicken über seine Klugheit und reine Gesinnung, wie sie mir der treffliche Bischof von Rochester mit eigner Hand und noch ein andrer höchst ehrenhafter und gelehrter Theologe geschrieben haben!"

Auch mit Erasmus finden wir Cochläus in brieflichem Verkehr.[1]) Wir dürfen Otto's Vermutung beistimmen, wenn er den Ursprung dieses Verkehrs in jene Zeit versetzt, als Cochläus und Emser die erasmische Diatribe über den freien Willen ver-deutschten. Nicht aber sind wir mit der Art einverstanden, wie Otto den Briefwechsel angesehen und geschätzt hat. Leicht dürfte das blosse Vorhandensein brieflichen Verkehrs zu über-eilter Schlussfolgerung hinsichtlich inniger Freundschaft oder gar weitgehender Gedankenharmonie der Korrespondierenden ver-leiten. Wer Burscher's „Spicilegia" durchblättert, erkennt, welche Masse wertloser Bekanntschaften dem grossen Manne aufgedrängt wurden. Die Begierde eine Zeile von Erasmus sein eigen nennen zu dürfen, gar selbst einmal in den weitverbreiteten erasmischen Briefsammlungen als Korrespondent zu figurieren, liess oft Leute zur Feder greifen, die nicht nur durch geistige Begabung — wie wenige wären das gewesen! — sondern auch durch Gesinnung und Denkart himmelweit von Erasmus geschieden waren. So hat auch Cochläus die fruchtbringenden Vermittelungsgedanken des Erasmus sich nie zu eigen zu machen gewusst.

Aber um der Gerechtigkeit willen muss doch andererseits noch ein zweites vorbemerkt werden. In einem Brief an Eoban Hesse[2]) hat Erasmus einmal in einer für den Adressaten nicht gerade schmeichelhaften Weise geäussert: solche Briefe, die nur ein „salutationis officium" oder ein „familiaritatis colloquium" enthielten, vermisse er gern, und zürne nicht im geringsten, blieben sie ungeschrieben. Zu dieser Gattung inhaltsleerer Höf-lichkeitsschreiben zählten des Cochläus Briefe jedenfalls nicht; zwar sind uns nur zwei derselben erhalten, doch ersieht man

---

[1]) Erasmus an Cochläus tom III, pg. 1008 (25. Aug. 1527), pg. 1070 (19. März 1528), pg. 1182 (1. April 1529); C. an E., Burscher Spicil. XIV (8. Jan. 1528), op. Erasm. tom III, pg. 1739 (13. März 1529); vgl. Otto S. 148 ff.

[2]) Tom III, pg. 1363. 12. März 1531.

aus des Erasmus eingehenden Antworten auf andere verlorene, dass des Cochläus Schreiben einen sachlichen Kern hatten. Der erste Brief des Erasmus an Cochläus gehört in den Sommer 1527, als dieser mit Nausea, der auch mit Erasmus korrespondierte, in Mainz verweilte. An beide wendet sich Erasmus charakteristischer Weise mit gleicher Mahnung, nicht aus Rücksicht auf distinguierte Persönlichkeiten, sondern allein im Hinblick auf Christus zu streiten: „Was nützt es viel, wenn Luther unterdrückt wird, sofern gewisse Pharisäer den Sieg an sich reissen, die ihrem Ruhm und Bauch, aber nicht Christo dienen". So mag er auch Cochläus nicht zuraten, als dieser anfragt, ob er einem Ruf des Bischofs von Ripen, nach Jütland zu kommen, dort die Evangelischen ausrotten zu helfen, folgen solle: „Wenn die Bischöfe," schreibt Erasmus, „für Christi Reich, nicht für ihr eigenes stritten, würden wir frohen Mutes diesem Kriegsdienst uns unterziehen!"

Cochläus folgte dem Wink und ging nicht. Er hatte es nicht zu bereuen, denn bald darauf kam eine Aufforderung von besserer Aussicht: Emser war im Jahr 1527 gestorben, zum Nachfolger ersah sich Herzog Georg den Cochläus, der im Januar 1528 nach Dresden abreiste. Der erste, dem er das frohe Ereignis mitgeteilt, war Erasmus. Nun wissen wir, wie rege das Interesse an Georgs Hof[1]) war für alles, was von Erasmus kam, wie der Herzog auf Erasmus eingeredet, offen und nachhaltig gegen Luther herauszutreten; wir kennen ferner den eifrigen Verkehr zwischen Erasmus, Julius Pflug und Simon Pistoris, jenen beiden geistig vornehmen Männern, die eine mildversöhnliche Richtung — oft im Gegensatz zu ihrem Fürsten — innehielten. Da drängt sich uns von selbst die Frage auf, ob nicht Cochläus — zumal er, wie wir später sehen werden, mit dem Herzog in vertraute Beziehungen kam, sich eng an jene Männer angeschlossen habe? ob wir daher seinen Namen öfter antreffen in den Briefen von und an Erasmus? Nichts von alledem! Vergeblich schlägt man die Briefe auf, die zwischen Erasmus und Herzog Georg, Pflug und Pistoris gewechselt: sein Name findet sich nicht ein einziges Mal. Aber er trat nicht nur völlig zurück, es zeigte sich bald, dass er gar nicht der Mann war, der die Gedanken hätte teilen können, die zwischen dem grossen Gelehrten und jenen beiden sächsischen Hofmännern getauscht wurden. Grell trat der Gegensatz vornehmlich bei folgendem Anlass hervor: im Jahr 1526 hatte Erasmus an Pistoris geschrieben, er sähe schlechterdings nicht ein, warum nicht das

---

[1]) S. Horawitz „Erasmiana" I. (1878) und II. Wien.

Abendmahl unter beider Gestalt erlaubt werde; auch die Priesterehe dürfte bei den obwaltenden Zeitumständen vielleicht zugestanden werden; Cochläus aber berichtet drei Jahre später an
Erasmus über eben diesen Pistoris, der kein Hehl daraus gemacht, dass ihm des Cochläus Treiben missfalle, unter dem Siegel
der Verschwiegenheit, der Kanzler halte die Priesterehe für erlaubt, ja er neige sogar zur Billigung des Sub utraque.[1])
Und wie verkannte Cochläus den Sinn des Erasmus, wenn
er ihm ein Schmutzblatt seines Freundes Joh. Hasenberg zusandte,
der im Verein mit einem anderen Leipziger Dozenten mit zoten-
haften Artikeln Katharina von Bora anzugreifen liebte. „Solches
heilt den Riss in der Kirche nicht, es verschlimmert ihn vielmehr" schrieb Erasmus ihm zurück.[2]) Über ein Buch des Cochläus
selbst, vermutlich den „Scepticeps" meinte Erasmus dem Verfasser
gegenüber, stellenweise könnte man glauben, Aleander habe es
geschrieben, — ein Urteil mit einem Januskopf! wenn man
die Aussprüche über diesen in den erasmischen Briefen sich
vorführt.

Hatte Cochläus diesem Verkehr keine Einwirkung erasmi-
scher Ideen auf seine Denkart zu verdanken, so doch ein anderes:
die Bekanntschaft mit den beiden Engländern Thomas Morus und
Johann Fisher. Mit beiden hat er korrespondiert, beiden einige
seiner Schriften gewidmet. Excerpte aus Briefen von Th. Morus
an ihn hat er gelegentlich abdrucken lassen;[3]) sie besagen nicht
viel; aus einem ersehen wir, dass Cochläus den Kanzler mit
Cassiodor verglichen hatte, was dieser bescheiden zurückwies.
Auf diesen Schriftsteller hatte er nun einmal viele Mühe verwandt; so sah er ihn schliesslich als den grössten Mann des
Altertums an und wollte er jemandem etwas recht hübsches sagen,
so verglich er ihn mit dem Schriftsteller oder mit irgend einer
Gestalt, die er aus seiner Lektüre kennen gelernt. Dieser etwas
schulmeisterliche Geruch haftete ihm zeitlebens an, und vielleicht

---

[1]) E. an Pistoris, tom III, pg. 966; C. an E. tom III, pg. 1739.
[2]) Auf diese tadelnde Bemerkung bezieht sich Hasenberg in
seinem Brief an E. vom 6. Jan. 1530 (Burscher, Spicil. XIV.) ... „quod
in epistolarum opere epistola ad Cocleum ultima tua amantissima
humanitas mei mentionem parum splendidam faceret" etc. — Vgl. über
das Treiben Hasenbergs und Myricians Seidemann „Erläuterungen",
Dresden 1844. S. 148 ff. — Über Hasenberg Urk.-Buch der Universität
Leipzig. Cod. Dipl. Sax-Reg. II, 11, Leipzig 1879, S. 466 ff, und Zarncke
„Urk.-Quellen z. G. d. Univ. Leipzig" S. 814 (Abhdlg. d. königl. sächs.
Gesellsch. d. Wiss. Leipzig 1857.)
[3]) Antiqua et insignis epistola Nicolai Papæ I. etc., etc. Frag-
menta quarundam Th. Mori epistolarum ad Erasmum Rotter et
J. Cochlæum. Lipsiæ 1536.

3*

zielte Pirkheimer mit auf diese ungeschickte Verwertung seiner Kenntnisse, wenn er ihm vorwarf, er sei eben ein „Cölner".[1]) Am Dresdener Hof, an den Cochläus anfangs 1528 sich begeben, war die Hauptperson, die allem Mass und Richtung gab, Herzog Georg selbst.[2]) Mit ihm war Cochläus eines Sinnes über Ursprung und Charakter der lutherischen Neuerungen. Auch Georg behauptete es bestimmt zu wissen, dass Neid und Hass die treibenden Kräfte bei Luthers anfänglichem Auftreten gewesen.[3]) So fand Cochläus, während er die Umgebung, einen Pistoris z. B. misstrauisch ansah, am Fürsten selbst seinen Halt. Ihn weiss er nicht genug zu rühmen, seine Weisheit, sein frommes Gemüt, seine treue Gesinnung gegen den Kaiser. Mitten in der Nacht, schreibt er an Nausea im Jahr 1532, habe Georg ihn rufen lassen, ihm die freudige Kunde von des Kaisers Sieg über die Türken mitzuteilen.[4]) Auch sonst ist sein Verkehr mit dem Fürsten ein ungezwungener; er liest ihm einen Brief Pirkheimers vor, zeigt ihm ein nürnbergisches Spielzeug, das jener Kuriosums halber nach Dresden geschickt;[5]) Briefe an ihn bittet Cochläus in solche an den Fürsten einschliessen zu wollen, damit sie sicher seien vor den Augen der Hofleute.

Aber diese Vertraulichkeit wollte doch auch teuer erkauft sein, obwohl wie es scheint, Cochläus die Höhe des Preises gar nicht beachtete: alle Selbständigkeit ward dahingegeben, er ist bloss noch Werkzeug. Entweder er schreibt selbst Verteidigungsschriften für Georg, oder er leiht seinen Namen her zu denen, die jener für sich verfasst. Wenn er Pirkheimer seine jetzige Lage als eine solche schildert, in der er zwar nicht mit grossem Gepränge, aber doch frei von pastoralen Sorgen leben und Gott dienen könne, so bestand dieser Gottesdienst eben in nicht viel anderem, als dem Federdienste für seinen frommen, gottergebenen Fürsten!

Wir zählen die vielen Schriften nicht auf, die diesen Ver-

---

[1]) Heumann S. 22. C. an Pirkh. „Ne tamen iterum tibi Coloniensis videar, (quamquam iram tuam semper maxime timui)" etc.

[2]) Über Herzog Georg, der seinen Biographen bisher noch nicht gefunden, bringt das Wichtigste Seidemann in seinen vielfachen Publikationen.

[3]) Herzog Georg an Georg von Anhalt, 9. Dez. 1532: „Denique cogitet Charitas vestra, doctrinam istorum non bono fundamento niti. Nam fons et origo omnium istorum malorum tantum est ex invidia et odio, quod Lutherus adversus sanctitatem Pontificiam et omnes status Ecclesiasticos concepit". In „Georgii Principis Anhaltini conciones et scripta" Vuittebergæ 1570 pg. 469.

[4]) Ep. misc. pg. 121.

[5]) Heumann c. i. pg. 43.

pflichtungen ihr ephemeres Dasein verdankten; sie gehören vielmehr in eine Geschichte Georgs, der Packschen Händel, der reformatorischen Bestrebungen in Leipzig, als in eine Biographie des Cochläus. Nur zwei Schriften seien kurz erwähnt: „Auff Martin Luthers Schandbüchlin, An die Christen von Halle geschriben, Antwort Jo. Cocleus Doctor etc. Ein kurzer Auszug von beyder gestalt des hochwirdigen Sacraments" MDXXVIII. Diese Schrift ist nicht von Cochläus, sondern von Georg verfasst und wurde, um sie Erasmus verständlich zu machen, von dem jungen Karlowitz, dem spätern sächsischen Rat, ins Lateinische übertragen; in dieser Form bewahrt sie handschriftlich noch heute das Dresdener Archiv auf.[1]

Im Jahre 1528 machte ein Streit zwischen Luther und Georg von Sachsen viel Staub aufwirbeln. Obwohl der Herzog öffentlich die Packschen Behauptungen von einem unter den katholischen Fürsten bestehenden Kriegsplan gegen Sachsen und Hessen als boshafte Lügen erklärt hatte, wollte Luther trotzdem nicht vom Glauben an solche Anschläge lassen: er sprach sich brieflich in diesem Sinne seinem Nürnberger Freunde Link gegenüber aus. Link bewahrte den Inhalt dieses Schreibens nicht für sich; auch Agenten des Herzogs wurden mit ihm bekannt, Scheurl that schliesslich sein bestes, um sie noch eingehender zu unterrichten. In Dresden loderte der Zorn hell auf; Georg ergriff mehrmals die Feder, um Luther anzugreifen. Auch Cochläus beteiligte sich an diesem Streit für seinen Herrn mit der Schrift „Wie werkerlich etc.";[2] nachdem kurz zuvor der schuldbewusste Scheurl Pirkheimer und damit Cochläus in anderer Weise mit in den Handel zu ziehen gesucht hatte, indem er behauptete, Pirkheimer habe an Cochläus für Herzog Georg eine Abschrift des Lutherschen Briefes übermittelt: eine Behauptung, die völlig aus der Luft gegriffen Scheurl die bitterste Feindschaft beider einstigen Freunde zuzog.[3] Die noch vorhandene Klagschrift, die Pirkheimer dem Rat seiner Stadt einlieferte, zeigt, wie gehaltlos

---

[1] Dresd. Arch. Locat 10300 „D. M. Luthern und andres Belangend" 1518—33. — Vgl. Seidemann, Reformationszeit in Sachsen. S. 103.

[2] „Wie verkerlich widder den durchleuchtigen Hochgebornen Fürsten und herrn herrn Georgen Hertzogen zu Sachsen etc. Martin Luther den sibenden Psalm verdewtzscht und gemissbraucht durch Doctorem Johannem Cocleum scheinburlich angetzaigt". 1529.

[3] C. an Pirkheimer 10. März 1529 (op. Pirkh. pg. 395): „De Scheurlino et Spenglero non opus est, ut rescribam, sed .... Non credo equidem illorum potentiam diu duraturam". — Pirkheimers Klagschrift im Dresdener Archiv Locat 10299 „Doctor Martin Luther und andre Sachen" S. 159.

gewisse Behauptungen gewesen, die unter anderen Ehses in neuester Zeit mit grosser Siegesgewissheit vorgetragen:[1]) der vornehme Patrizier Pirkheimer hat niemals, wie der Emporkömmling Scheurl, zum Werkzeug eines kleinen Fürsten sich hergegeben. Unabhängig von diesen höfischen Verpflichtungen erwuchs in damaliger Zeit der tollen Phantasie des Cochläus der „Septiceps Lutherus". Aus dem, ihm zu Grunde liegenden Gedanken hat Cochläus, froh des vermeintlich glücklichen Griffs, Kapital geschlagen, wie aus seiner cassiodorischen Lektüre: vier derartige Bücher kennen wir von ihm! 1) „Septiceps Lutherus ubique sibi, suis scriptis contrarius." 2) „Sieben köpffe Marthin Luthers von 8 hohen sachen des Christlichen glaubens." 3) „Sieben köpffe M. Luthers vom hochwirdigen Sacrament des Altars." 4) Sieben köpffe Mart. Luthers von 7 hohen sachen des Christlichen glaubens." Ein grausiges Titelbild soll die Neugier fesseln: aus dem Rumpf einer überfetten Mannsgestalt in geistlicher Kleidung wachsen 7 Köpfe hervor, deren jeder seine besondere Bezeichnung trägt, und zwar von links nach rechts gelesen: „Doctor", „Martinus", „Luther", „Ecclesiast", „schwirmer", „Visitirer", „Barnabas". In allen vier Schriften werden die Stellen aus Luthers Werken, die sich widersprechen, oder zu widersprechen scheinen, oder die Cochläus um jeden Preis durch sinnlose Herausreissung aus ihrem Zusammenhang zu sich widersprechenden stempelt, neben einander aufgezählt, und zwar spricht einmal der „Doctor", dem widerspricht der „Martinus", diesem wieder der „Barnabas" und so fort. Dabei fehlts an Schimpfworten keiner Kategorie; alle jene Schmeichelnamen, die Cochläus von Wittenberg und Nürnberg aus an den Kopf flogen: „Schneck", „Kochlöffel", „Rotzlöffel", „Ginlöffel", „hochgelarter Wendelstainerisch Doctor und selbstgewachsen Theologus" — sie alle werden Luther reichlich heimgezahlt.

Herzog Georg hatte krankheitshalber zum grossen Bedauern seiner Partei den Reichstag vom Jahr 1529 nicht besuchen können; ohne seinen Fürsten hatte Cochläus nicht gehen wollen.[2]) Mit um so grösserer Spannung wurde deshalb dem Augsburger Reichstag entgegengesehen. Zu ihm reiste Cochläus im Gefolge Georgs über Nürnberg, wo er noch einmal mit Pirkheimer zusammen sein durfte, der am Ende dieses Jahres starb. Schon am 30. Mai treffen wir ihn in Augsburg.

---

[1]) Ehses: „Gesch. der Packschen Händel". Freib. 1881. S. 258. — Gegen ihn Schwarz: „Landgraf Ph. v. Hess. u. d. P. Händel". Leipzig 1884. S. 154. A. 3.
[2]) C. an N. 5. März 1529. op. misc. pg. 83.

Den Vereinigungsort zum Teil auch ein Unterkommen fanden
alle jene Mitarbeiter an der „Confutation" in der Wohnung des
Predigers Mathias Kretz, desselben, der noch bei Lebzeiten des
Erasmus auf den Einfall kam, dessen Katholizität durch Stellen
seines Briefwerks, in denen ein Urteil über Luther, zu erweisen.[1]
Sympathie verband die Männer jener Kommission nicht gerade.
„Propositiones in Eccium de vino, Venere et balneo" liefen im
Kreise um und wurden herzlich belacht, auch an der Tafel
Georgs, wo Pistoris und Julius Pflug ihr Salz beisteuerten.
Cochläus erzählt Pirkheimer davon und setzt nur matt hinzu
„Mallem tamen hoc tempore cius auctoritatem in causa fidei non
sic elevari".[2]

Die Thätigkeit der katholischen Theologen begann Ende
Juni, nachdem am 25. Juni das protestantische Bekenntnis ein-
gereicht worden war. Die Widerlegungsschrift, die sie entwarfen,
gewann erst nach mehrfacher Änderung ihrer ursprünglichen
Gestalt des Kaisers Beifall. Inwieweit Cochläus neben seinen
19 Mitarbeitern einen Anteil an einzelnen Stücken der Confutation
hat, bleibt uns verborgen. Von Interesse aber ist, dass durch
ihn, wie es scheint, die vom Kaiser als zu scharf verworfene
erste Redaktion derselben im wesentlichen auf uns gekommen
ist: in seinen vier ersten „Philippiken" nämlich glaubt man[3] sie
wiedererkennen zu sollen. Schon 1531 geschrieben, sind diese
doch erst nach Jahren und mancherlei Umarbeitungen, über die
wir ihn noch werden klagen hören, in den Druck gekommen.
Die erste handelt über den Artikel 1 und 3 der Augustana, die
zweite über Artikel 2, die dritte über 4, 5, 6, die vierte über
7 und 8.

Wie scharf und zum Teil giftig hier die Ausfälle auf Me-
lanchthon, so versöhnlich schien Cochläus sich im Beginn der
Augsburger Verhandlungen jenem gegenüber geben zu wollen.
Es geschah dies in einer Zeit, als das Programm der Protestanten
noch nicht vorlag, und auch von höchster Stelle Fühlung mit
Melanchthon gesucht ward durch Alfonso Valdes und Cornelius
Schepper.[4] Cochläus bat brieflich[5] um eine persönliche Zu-
sammenkunft, nur möchten keine „uxorati presbyteri" an ihr teil-

[1] S. Burscher, Spicileg. XXI, Matthias Kretz an Erasmus.
29. Okt. 1530.
[2] C. an Pirkh. 30. Mai 1530. Heum. 78.
[3] Corp. Ref. XXVII, 7 ff. — Pg. 70 u. 71 sind die anderen
Schriften dem Titel nach aufgeführt, in denen er Widerlegungsversuche
anstellte.
[4] Maurenbrecher l. c. 287.
[5] C. an Melanchthon, 2. Juni 1530. Corp. Ref. II, 82,

nehmen; sie erfolgte, doch wissen wir von ihrem Resultat nichts. Nachher sieht er dann mit Schadenfreude der erstaunlichen Nachgiebigkeit Melanchthons zu: „Ich freue mich wahrhaftig, dass Ph. Melanchthon von den Seinen nicht in jedem Punkt gelobt wird, da er so viel versprochen zu haben scheint; und auch bei uns erntet er wenig Dank, weil er mehr versprochen hat, als er hält, ja vielleicht halten kann."[1]) In Augsburg traf Cochläus auch wieder seinen Gönner Campeggi. Die eigne und die Lage des Mainzer Freundes galt es bei dem Kardinal in Erinnerung zu bringen. Schon geraume Zeit stritt Nausea mit einem apostolischen Exspektanten um ein Kanonikat; er hatte schon an manche Seite sich gewandt, um zu seiner Sache zu kommen. Jetzt befürwortet ihn Campeggi in einer Depesche; auch Cochläus bedürfe der Unterstützung, er sei noch ärmer als Nausea.[2]) Aber Cochläus sagt uns ja selbst des öftern, wie wohl es ihm bei Herzog Georg gehe? und doch hören die Gesuche bei dem Legaten nicht auf. Als er 1532 auf dem Reichstag erscheint, muss Aleander für die beiden Freunde sich verwenden. Cochläus klagt, eine Pension von 100 Dukaten habe ihm der Bischof von Capua, Nikolaus Schomberg (1520—37) versprochen — noch habe er keinen Heller gesehen; auch Nauseas Streit ist noch nicht erledigt trotz aller Versicherungen der Legaten, man sei in Rom entschlossen, für ihn einzutreten. Beide sind entrüstet über dieses Versprechen und Nichthalten. Gewiss, meint Cochläus, sei es auch trotzdem schön die Gunst eines so hohen Herrn, wie des Bischofs von Capua zu geniessen, auch wenn sie nicht zur That werde; letztere möchte man aber doch nicht ganz vermissen! So rät denn Aleander in einer Depesche dringend, man solle diese Leute befriedigen; man müsse sie sich erhalten; Cochläus brauche Geld, um einige seiner Schriften drucken zu lassen, und hierbei dürfe man ihn nicht stecken lassen; es würde einen üblen Eindruck auf das Volk machen, wollte man gegenüber den ketzerischen Erzeugnissen schweigen.[3]) Es handelte sich damals an erster Stelle um eine Antidosis auf Melanchthons Apologie; zum Schrecken der Legaten hatte

---

[1]) C. an Pirkh., 17. Sept. 1530. Heum. 83.
[2]) Thomas Campeggi (Bruder des Kardinals) an Nausea ep. misc. pg. 102. — C. an N. Augsburg 28. Sept. 1530 ep. misc. pg. 90. — Kardinal Campeggi 6. Okt. 1530 bei Lämmer Monumenta Vaticana, pg. 59.
[3]) C. an N. 29. Dez. 1531, 21. Mai und 5. Juni 1532 ep. misc. pg. 123, 125 u. 126. — Aleander 31. Mai 1532 bei Lämmer a. a. O. pg. 119.

diese in Rom Gefallen gefunden. Nun war Cochläus mit seinen vier „Philippiken" in der Tasche in Regensburg erschienen. Sie missfielen Campeggi nicht, aber er wünschte sie kürzer. Cochläus machte sich an eine Umarbeitung, aber der Kardinal that nichts, ihm die Druckkosten zu erleichtern; vielmehr wurde eine neue, noch kürzere Form gefordert. Wieder liess sich Cochläus bereit finden, wieder verlautete nichts von Unterstützung; man wolle ein Exemplar an den Papst senden, hiess es. Ein anderes überreichte er Granvelle, dem die Notwendigkeit litterarischer Bekämpfung nicht entging: „Was mit ihm weiter geschehen ist, weiss ich nicht; doch glaube ich, es ist zum Schnäuzen verwendet oder vielleicht für den Abtritt, mit Verlaub zu sagen, und kein Mensch denkt mehr dran."[1]) Um manch schmerzliche Erfahrung nachte ihn doch der Verkehr mit den hohen Herren reicher! Er passe besser in ein stilles Eckchen, als in den fürstlichen Saal, hatte er schon früher gegen Nausea geäussert. Allerdings so selbstbewusst und rücksichtslos wie Eck verstand Cochläus sich nicht geltend zu machen.

Doch hatte man ja auch ihm mancherlei zukommen lassen, aber dass man ihn gerade in den Schwierigkeiten, die ihm der Druck seiner Schriften bereitete, immer wieder stecken liess, war unerträglich. Und diese Buchdrucker und Buchhändler waren von grösster Gleichgiltigkeit gegen die Erzeugnisse der katholischen Streiter; sie sträubten sich ewig, sie zu drucken oder in Kommission zu nehmen, sie fänden ja keinen Absatz im Publikum. Die Druckkosten müsse er selber tragen, jammert Cochläus, und obendrein dom Druckereibesitzer schöne Worte geben, dass er ihm gnädigst willfährig sei. So kostet ihm die Herausgabe des „Psalterium Brunonis" neben Arbeit und Mühe noch 200 Goldgulden, die er sich hat borgen müssen!

Es ist unbegreiflich, schreibt er im Herbst 1532 an einen Freund, Altäre haben wir doch genug in unseren Kirchen, und immer wird Geld für weitere gestiftet. Ist denn dies heut das Hauptbedürfnis, und nicht vielmehr eine schleunige Rettung des Ansehens der Messe? Eine solche durch Schriften zu ermöglichen, giebt kein Mensch Geld her. Die Widerlegung Melanchthons betreffend hat neulich ein Kirchenfürst behauptet, die Theologen des kaiserlichen Hofes würden eine solche herausgeben. Was können denn die bedeutendes zu Tage fördern?

---

[1]) Campeggi 1. Juni 1532, bei Lämmer a. a. O. pg. 122. — C. an Laurentius Truchsess 6. Okt. 1532, bei Riederer „Nachrichten" I, 330. — Granvelles Urteil über C. s. i. d. Dep. des Contarini v. 3. Mai 1541 (Hist. Jahrbuch I.)

Sie haben keine Ruhe zum Arbeiten, immer sind sie mit dem Kaiser unterwegs; sie verstehen ja auch die deutschgeschriebenen Bücher nicht, und gerade diese sind die schlimmsten! Der Beichtvater Karls ist ein tüchtiger Mann, aber anderweitig vollauf beschäftigt; die drei andern spanischen Theologen aber, die Cochläus kennen gelernt, sind zu solcher Arbeit viel zu bequem.[1] Gerade der Gedanke an eine Widerlegung der Apologie von irgendwelcher berufenen Seite, da er die seine zu veröffentlichen nicht im stand, trieb ihn um und um. Nachdem er den Regensburger Reichstag verlassen, in Mainz bei Nausea sich eingestellt, dann durch Hessen und das kurfürstliche Sachsen, unter steten Besorgnissen von den Lutherischen festgenommen zu werden, nach Dresden gelangt war, nahm er Urlaub, um in Halle Mitstreiter anzuwerben. Hier fand er, neben Alveld und Vehus, Crotus Rubeanus, der seit dem Jahr 1530 bei dem Erzbischof Albrecht sich aufhielt. Er war ein andrer Mann geworden, die gewandte Feder war dieselbe geblieben. Cochläus bat ihn, er möge sie zu einer Gegenschrift gegen die „Apologie" ergreifen. Crotus war nicht abgeneigt, begann auch eine derartige Arbeit — doch blieb es dabei es ist nie etwas von ihr erschienen.[2]

Der Convertit Witzel[3], der Schützling des Crotus, war wohl schon einige Zeit mit Cochläus in Verbindung. Von Witzelschen Briefen sind uns einige erhalten, von denen des Cochläus nur einer, der seine besondere Geschichte hat. Er war den Wittenbergern in die Hände geraten, und Justus Jonas liess ihn mit beissenden Randbemerkungen drucken. Zu solchen forderte allerdings die merkwürdige Behandlung der Witzelschen Ehesache heraus. „Was sollst du thun," hatte Cochläus geschrieben, „vertheidigst du deine Ehe als zu Recht bestehend, so machst du unsre Feinde frohlocken und betrübst die Katholiken. Das möchten die Diener des Satans gerne sehn! Leugnest du ihre Berechtigung, so reizest du jene noch mehr und gewinnst damit bei den Katholiken wenig, da du ja im Herzen und durch die That die Ehe doch zu billigen scheinen würdest. Ich beschwöre dich, überlege die Sache dir ganz genau. Wäre ich in deinem Fall, ich würde in den Antworten an die Gegner der Ehesache ganz geschweigen, oder kurz darüber weg gehn." Mit diesem Rat half er dem Genossen wenig! Und wenn er gleich darauf

---

[1] C. an Truchsess, bei Riederer a. a. O. vom 27. Dez. 1532; vgl denselben Brief auch für das Folgende.
[2] C. an N. 4. Nov. 1532, ep. misc. pg. 121. — Kumpschulte Commentatio etc., pg. 23.
[3] Vgl. Schmidt: „Georg Witzel, ein Altkatholik des 16. Jahrhunderts". 1876.

versprach, sobald ihm das Glück lächle, werde er dafür sorgen, dass auch Witzel etwas zukomme, so musste das den Hohn der Gegner natürlich noch mehr hervorrufen.[1]) Durch Witzels Vermittelung vielleicht trat Cochläus Scheurl wieder näher. Freilich sehen wir sie schon 1530 in Augsburg in Verkehr, als es sich um einen Dienst Pirkheimer gegenüber handelte.[2]) Die beiden Nürnberger hatten sich wieder versöhnt, so lag für Cochläus auch kein weiterer Grund vor, sich zurückzuhalten. Mitte der dreissiger Jahre hören wir gar von eifrigem Briefwechsel beider, und der eitle Scheurl rühmt sich gelegentlich, neben dem Kaiser und König, den Bischöfen von Mainz und Trident hätten auch Eck, Witzel und Cochläus ihn ihrer Freundschaft gewürdigt.[3])

Diese mittleren Jahre des vierten Jahrzehnts gelten vornehmlich dem Kampf gegen Melanchthon; gegen ihn, nicht gegen Luther, gehen die Schriften aus dieser Zeit. Neben den schon erwähnten „Philippiken" kennt der Katalog eine „Confutatio abbreviata" und eine „Velitatio in apologiam". Nötig erschien fortan auch eine andere Kampfesweise. Am Dresdener Hof hatte Cochläus Gelegenheit, hin und wieder mit Vertretern fremder Nationen zusammenzutreffen, Verbindungen mancherlei Art anzuknüpfen. Sie ermöglichten ihm den Versuch, auch im Ausland Melanchthon den Boden streitig zu machen.[4]) Nach Schottland schickt er warnende Schreiben, auch an den dortigen König; an vornehme Polen, Geistliche und Weltliche, richtet er die Mahnung, die polnische Jugend nicht mehr der Wittenberger Akademie anzuvertrauen, mit Hinweis auf den vergiftenden Einfluss Melanchthons. Dass ein diesbezügliches Verbot des polnischen Königs erfolgte, meinte Cochläus seinem Einreden zuschreiben zu dürfen.

Damals ward er auch von Herzog Georg herangezogen, um diesen zu unterstützen bei seinen Bemühungen um das Seelenheil seiner fürstlichen Verwandten Johann, Georg und Joachim von Anhalt. Cochläus greift zur Feder, „in einem Anlauf" schreibt er in wenigen Tagen drei Schriften an die drei Brüder.

---

[1]) Die Briefe Witzels an C. in Vuicelii epp. libr. IV mit dem Zeichen D. J. C. = Doct. Joanni Cochlœo. — „Epistola D. Coclei ad G. Vuicelium, ne tristetur propter abnegatum coniugium sacerdotale et hactenus frustra expectatos XXX argenteos Judæ Iscarioth. Cum præfatione cuiusdam Lutherani Vuittenbergæ." 1534. — Im folgenden Jahr erschien eine deutsche Übersetzung.
[2]) Dass Scheurl mit C. in Suchen P.s in Augsburg thätig, zeigt ein Brief des C. der Nürnb. Stadtbibl. vom 18. Okt. 1530.
[3]) Scheurls Briefbuch Nr. 253, 254, 277.
[4]) Comment. d. A. et S. M. L. sub a. 1534.

In der einen zeigt er, wie verderblich es sei, wenn ein Fürst
von der Kirche abfalle, in einer andern kritisiert er Luthers
Predigten, in der dritten erklärt er, „Was von Kayser Sigmunds
Reformation zu halten sey". Neu in diesen Schriften ist die
Warnung vor der Chronik Sebastian Franks, die mit aller Gier
von den Laien verschlungen wird: nach Cochläus ein Pestbuch,
wie kein zweites je erschienen! Viel Glück hatte er weder mit
diesen Büchern noch mit brieflichen Ermahnungen an die Brüder,
den Georg Held von Forchheim und den „Beelzebub" Haus-
mann aus ihrer Umgebung zu entfernen.¹) Wurden die Verhandlungen zwischen Dresden und Dessau im Jahr 1538 auch wieder
aufgenommen, aussichtslos waren sie für Dresden schon 1534;
auch drängten andere Interessen sich in den Vordergrund, zumal
bei Cochläus, der auf jenem Felde sich vergeblich angestrengt.

Das Jahr 1534 brachte einen neuen Papst! Erwartete von
ihm die ganze katholische Welt Deutschlands gespannt eine Verwirklichung längst gehegter Reformationsideen, so knüpften sich
für Männer wie Eck und Cochläus noch andere Gedanken und
Wünsche an diesen Wechsel.

Ihre Thätigkeit seit Jahr und Jahrzehnt ist ein „militare"
und „laborare pro honore atque autoritate Sedis Apostolicæ" gewesen; aber, klagt Eck, er, ein „miles Se. Ap." habe doch seit
den guten Zeiten Leo X. ein „stipendium" nicht zu Gesicht be-
kommen! Und doch hatte er vor zehn Jahren, als er die Tasche
Clemens VII. für sich geöffnet wissen wollte, von Hadrians reich-
licher Freigebigkeit gegen die gelehrten Streiter zu rühmen
gewusst! Heute war das vergessen. Auch Cochläus litt bisweilen an schlechtem Gedächtnis: von Leo, Hadrian und Clemens
sei er vernachlässigt und übersehen worden: und doch sagt er
uns selbst an anderer Stelle, dass er von Hadrian nach Rom
berufen, von Clemens in die Penitentiaria aufgenommen und
mit dem Kanonikat in Mainz bedacht worden sei.²) Es schien
besser davon jetzt zu schweigen: es galt schnell und nachdrück-
lich bei dem neuen Herrn seine Existenz und die Unentbehrlich-

---

¹) D. Briefe des C. an Georg von Anhalt in „Georgii Principis
Anhaltini concion. et scripta 1570, pg. 566ᵇ u. 608ᵇ; einer von Johanni
1533 im Zerbster Archiv Convolut bX. (Mitteilung des Herrn Archivrat
Prof. Dr. Kindscher.)

²) Eck un Clemens VII. 17. Sept. 1525, bei Balan S. 538 und un
Paul III. 17. Febr. 1535, bei Benrath, Zeitschrift für Kirchengesch.
Bd. VI. S. 587. — C an Cervino 28. Juli 1545, bei Druffel „Monum.
Trident. Nr. 167: Pro cuius (sc. sedis ap.) honore atque autoritate
laboravi ego 25 annis perpetuo sub fel. rec. Leone X., Adriano VI.,
Clemente VII a quibus neglectus sum et præteritus.

keit dieser Existenz in Erinnerung zu bringen. Drängte Eck
durch einen energischen Brief den Papst zu einer milden Hand-
bewegung, so hielt Cochläus eine feierliche Gratulationsschrift
für zweckentsprechend.[1] Eine solche liess er noch 1534 ausgehen. Sie würde uns nichts sein, als eine lange Aneinander-
reihung von Schmeicheleien gegen Papst und Kardinäle, hätten
diese Schmeicheleien nicht gerade in ihrer sinnlosen Steigerung
eine nicht beabsichtigte Komik. Mit niemand geringerem, als
Gregor VII., braucht sich Paul III., vergleichen zu lassen — und
siegreich geht er aus dem Vergleich hervor als „moribus mansuetior,
vita compertior, patria nobilior, studio literarum latinarum et
græcarum præstantior".

Aber bei dieser Leistung beruhigte sich Cochläus nicht.
Schon im Februar 1535 findet er Gelegenheit mit seiner weiteren
Schrift: „de matrimonio serenissimi Regis etc." von neuem an
den Papst sich zu wenden: er habe ja in seiner Gratulation ein
wichtiges Moment ganz übergangen, um deswillen Paul besonders
glücklich zu preisen! die politische Konstellation, die unter seinem
Vorgänger so bedrohlich gewesen, wie habe sie sich jetzt zum
guten gestaltet: die Türken geschlagen, Rhodus wiedererobert,
die Flotte des Piraten Barbarossa zerstreut und vernichtet; und
nun habe er gar noch soeben die Kunde erhalten, die langjährige
Zwistigkeit am englischen Hof sei beigelegt, Heinrich und Katharina
seien versöhnt. Nun alles wieder im rechten Gleise, halte er
eine Schilderung des Thatbestandes und Rechtsbetrachtungen über
den Fall für zeitgemäss.

Nicht grundlos bittet Cochläus für den ersteren Teil um
Nachsicht. Viel neues erfuhr der Leser jener Tage nicht,
vielleicht einzig die für den Cassiodorverehrer charakteristische
Bemerkung, dass Maria, das Kind der königlichen Ehe, am
passendsten mit Amalasunta zu vergleichen sei. Nachdem er sie
und die ersten glücklichen Ehejahre geschildert, lässt er plötz-
lich durch „adulatores" den König dahin gebracht werden, die
Ehe als ungiltig, das Kind als Bastard anzusehen. Was von
diesem Augenblicke an bis heute vorgegangen, findet er zu
traurig, als dass es in einer Gratulationsschrift Platz finde. Er
lässt deshalb sofort die Rechtsbetrachtungen folgen. Wir wären
dankbarer, würde er statt ihrer uns wissen lassen, was er von
Campeggi über den Vorfall erfahren; denn dass dieser ihm von
England aus schrieb, hören wir an anderem Ort.[2]

---

[1] Ad Paulum III. p. M. . . . . congratulatio J. Cochlæi . . . ., Lips.
Blum. 1534.
[2] C. an N., Dresden 10. Juli 1529, ep. misc. pg. 72.

Seinen Zweck hatte er mit dem doppelten Schreiben erreicht; Paul III. versah ihn im ersten Jahr seines Papats mit der Probstei zu St. Severin in Köln, deren Besitz ihm allerdings mit Erfolg von einem Nebenbuhler streitig gemacht wurde. Zum Ersatz — wie es scheint — ward ihm später ein Kanonikat in Brixen zugewiesen, aber auch diese Einnahmequelle wusste ihm ein anderer abzuleiten.[1])

So klagt er wieder seinem Nausea: „Mir sind bisher Worte gegeben worden, Worte, weiter nichts. Mit solchen kann ich Drucker und Papierhändler nicht befriedigen!" Er erwartet, sein Freund werde für ihn eintreten, zumal er jetzt am Hof König Ferdinands eine einflussreiche Stellung bekleide. Als Nausea Ende 1535 im Begriff war, nach Rom zu reisen, ward er beauftragt, Cochläus als bedürftig dem Papst gegenüber zu erwähnen; sein Begehren stehe nicht nach Beförderung in der Stellung, sondern nur nach pekuniärer Unterstützung.[2])

Aber der Hauptgedanke, der sich an das Auftreten des neuen Papstes knüpfte, blieb doch immer der an ein Konzil. Cochläus ganzes Interesse galt dieser Sache. Er beschloss,[3]) für die fremden Nationen, die auf dem Konzil erscheinen würden, ein kurzgefasstes Handbuch über das Luthertum zu entwerfen und schrieb noch im Jahr 1534 zu Meissen die erste Hälfte seiner „Commentaria de actis et scriptis M. Lutheri". In Meissen hatte er durch Herzog Georg ein Kanonikat erlangt; so finden wir ihn abwechselnd hier und in Dresden beschäftigt fast ausschliesslich mit Schriften, welche auf das Konzil bezug hatten. Er habe sich vorgenommen, vor Ausgang desselben gar keine deutsche Schrift mehr wider die Sekten zu schreiben, versichert er uns: und wirklich ist er nur zweimal, in den nächsten Jahren wenigstens, diesem Vorsatz untreu geworden, als er des Moibanus Katechismus kritisierte und eine knapp gehaltene Geschichte von Hus herausgab, einen Auszug aus einem grossen lateinischen Werk, das erst 1549 veröffentlicht wurde.

Wir zählen nicht die Titel der vielen — meist gegen Luther gerichteten — Schriften über die Konzilsangelegenheit auf, sondern begnügen uns mit kurzer Erwähnung des: „Dialogus de tollenda in fide et religione discordia per concilium generale",

---

[1]) C. an Cervino a. a. O. — Morone 4. Juni 1537, bei Lämmer a. a. O. pg. 187.
[2]) C. an N. 31. Dez. 1535 u. 10. Febr. 1536, ep. misc. pg. 180 u. 181.
[3]) C. an N. 30. Dez. 1536, ep. misc. pg. 184; Comment de R. et scr. M. Lutheri sub a. 1534. — „Ein kurtzer Bericht auf D. Moibanus Catechismum durch D. Joann. Cocleum." Leiptzigk Wolbrab MDXXXVII (bei W. Cremer, ohne Jahr).

der dem Jahr 1535 entstammt.[1]) Die auftretenden Personen
sind: Paceus, qui velut mediator pacem inter discordantes com-
ponere quærit. Petreius, qui Petri fidem et ecclesiam contra
hæreticos tuetur. Arenius, qui Lutheri sectam, quæ super arenam
fundata est, defendit. Das Gespräch ist leicht und flott geschrieben, auch der Gegner darf zum Worte kommen, wenn freilich
auch Petreius stets das letzte behalten muss! Das Ganze läuft darauf
hinaus, dass die von akatholischer Seite gestellten Forderungen an
ein etwaiges Konzil als gänzlich ungerechtfertigt erwiesen werden.

Mit seinem Fürsten teilte Cochläus den Wunsch nach so-
fortigem Zusammentritt des Konzils, nicht minder die Entrüstung
über die bisherige Verschiebung, die freilich ein Georg weit
offener an den Tag legen durfte; hatte er doch Peter Paul
Vergerius seinen ganzen Unmut über die Schliche von Clemens VII.
fühlen lassen.[2]) Nun man in Rom in den ersten Jahren Pauls
ernstere Absichten hegte, schien es gut, den eifrigen Fürsten mit
ins Vertrauen zu ziehen. Sadolet suchte im Jahr 1537 seine
Freundschaft, und zwischen beiden entspann sich fortan ein leb-
hafter Austausch von Vorschlägen und Winken; auch Cochläus
und Pflug nahmen an dem Verkehr Teil. Beide beabsichtigte
Georg nach Mantua zu senden.[3])

Aber bald ward doch wieder begründeter Argwohn rege:
ins vierte Jahr ging Pauls Pontifikat, und noch war die Aussicht
auf ein Konzil nicht zweifellos. In einem Brief vom Juli 1538
scheint Cochläus bei Sadolet darüber geklagt zu haben; dieser
weiss im November nur mit einem geringen Trost zu antworten:
„Ich habe die Hoffnung auf ein Conzil noch nicht verloren, denn
ich habe eine gute Meinung vom Papst“. Noch trüber aber
lautet, was er wenige Monate später schreibt: „Ob das Conzil
zu Stande kommen wird, oder nicht, weiss ich nicht zu sagen.“
Es war eine niederdrückende Enttäuschung! Aber dasselbe
Jahr brachte Cochläus noch einen anderen, weit empfindlicheren
Schlag: am 17. April starb sein langjähriger Gönner, Herzog
Georg. Man muss den Brief lesen, den er tags darauf an Nausea
schrieb;[4]) der Schmerz über das Jüngstvergangene, die Besorgnis

---

[1]) Miscellaneor. libr. III, pg. 65 sqq.
[2]) Maurenbrecher a. a. O. S. 370.
[3]) Die Briefe an Georg, Cochläus, Pflug in Jakob. Sadoleti epp.
libr. XVI, pg. 397—420. — Jonas an Musculus 23. April 1537: Dux
J. Georgius missurus dicitur sub Pentecosten Mantuam ad concilium
Julium a Pflug ... doctorem Cochlæum“. Kawerau, Briefwechsel des
J. Jonas, Halle 1884/85, I, Nr. 344.
[4]) Ep. misc. pg. 243. — Vgl. C. an Contarini Cal. Jul. 1539 bei
Dittrich „Regesten u. Briefe Contarinis“ 1881. S. 376.

vor dem Nächstzukünftigen führen die Feder. Was wird mit
dem Land geschehen? Herzog Heinrich neigt zum Luthertum;
der katholische Adel aber will nichts von Abschaffung alter
Gebräuche wissen. Morgen schon, am 19., soll mit dem neuen
Landesherrn verhandelt werden; vielleicht dass man ihn um-
stimmen könnte, er ist schon alt; aber seine Gemahlin und
Anton von Schönberg haben ihn ganz in der Hand. So ist das
Schlimmste zu befürchten. Und was soll nun aus ihm selbst
werden? Ihm vor allem sind die Lutheraner im Lande übel
gesinnt. Es ist aus, er will sich darein ergeben, an seinem Ver-
luste liegt nicht viel.

Gewiss, wenn er jetzt zurücksah auf seine Thätigkeit, wenn
er sich frug, was habe ich gewollt und was erreicht? — es war
ein wirkungsloses Wirken gewesen. Schon vor Jahren hatte er
sich einmal mit seinem Freunde Nausea verglichen.[1]) Wie glücklich schien ihm der Freund, der durch die Predigt anzuregen
verstand in den weitesten Kreisen. Er aber hatte sich verfahren
in der Sackgasse unfruchtbarer Polemik, umwenden konnte er
nicht mehr, der Weg war schon zu weit, den er auf diese Weise
zurückgelegt, und so steht er vor dem lutherischen Hause, reisst
und zerrt an der Schelle, klopft an Thür und Laden — aber da
bleibt alles ruhig, kein Fenster thut sich auf, kein Kopf
schaut nach ihm aus. Wie schmerzlich, so ganz vom Feinde
ignoriert zu werden!

Schon früh schlich sich der Zweifel bei ihm ein: wir er-
reichen nichts durch unser Schreiben, höchstens kann der Kaiser
mit Gewalt das irregeleitete Volk zurückzwingen.[2]) Und dann
erklärte er sich auch Luthers Schweigen; an Erasmus schrieb
er einmal, dadurch, dass Luther sie alle, seine kleinen Gegner,
schweigend verachte, habe er gerade seine Sache so mächtig
gefördert. Ganz recht! das war Luthers Gedanke; sagte er doch
schon 1524 zu Spalatin,[3]) der ihm zwei Bücher von Cochläus
geschickt: „dem Cochläus braucht man nicht zu antworten, wir
haben andres, besseres zu thun, und derartige Bücher kommen
täglich viele durch sich selbst um"; und zehn Jahre später
äusserte er sich Amsdorf gegenüber[4]) näher über diese Schweiger-
Taktik, die sich trefflich bewährt habe; bei Gegnern wie Eck,

---

[1]) 31. Dez. 1535, ep. misc. pg. 180; hier sein Ausruf: „Ego
infelix, in locum contentionis demersus a contentionibus liberari non
possum, quoad contendunt nos hæretici".
[2]) C. an N. 6. Nov. 1528, ep. misc. pg. 59. — C. an Erasmus
10. März 1529, Erasm. op. tom III, p. 1739.
[3]) De Wette II, 473.
[4]) D. W. IV, 508.

Faber, Emser, Cochläus heisse es: „Hoc scio pro certo, quod si cum ·stercore certo Vinco vel vincor, semper ego maculor“. — Trotz alledem — Cochläus hatte seine Thätigkeit in derselben Weise fortgesetzt. Bisweilen, wenn er so sass und schrieb und hastete und sich mühte, stellte sich doch auch wieder lindernd die Selbsttäuschung ein, dann redete er bestimmt und fest sich und anderen vor: sie antworten nicht, weil sie sich geschlagen fühlen, sie widerlegen dich nicht, weil sie nicht können.[1]

Jetzt aber, wo er seinen Gönner und seinen Schutz verloren, wo er nicht weiss, wohin sich wenden, überkommt ihn heftiger als je das Gefühl eines verfehlten Lebens. Wohl trafen von manchen Seiten Anträge und Einladungen im Laufe des Sommers 1539 ein, während dessen wir ihn mannigfach innerhalb Sachsens den Wohnort wechseln sehen: Contarini fordert ihn auf nach Rom zu kommen, Giberti, der Bischof von Verona, Madruzzi, der Kardinal von Trident, Frangepan, der Bischof von Erlau, laden ihn zu sich ein. Aber „ich bin schon alt“, schreibt Cochläus, „und mir wohl bewusst, wie wenig zu allem nütze; ich möchte in irgend einem nahegelegenen Teile Deutschlands mein Leben verbringen, allein mit meinen Büchern verkehren, weil ich hochgespannte Erwartungen doch nicht befriedigen kann, und meine Gegenwart würde meinen Ruf und die mir zugewendete Teilnahme mildern.“[2]

Am wärmsten kam ihm Sadolet entgegen; er will ihn nach Rom empfehlen, will aber auch gern zu Carpentras mit ihm sein Brot teilen, so karg es sei. Jedoch ein Anerbieten von greifbarerer Natur, als die Versicherungen christlicher Bruderliebe des eleganten Latinisten, hatte Cochläus unterdess aus Breslau erhalten: im September bot man ihm hier ein Kanonikat an, das im Monat vorher ledig geworden. Er nahm es an und begab sich im Herbst des Jahres 1539 an den neuen Aufenthaltsort.[3]

---

[1] C. an N. 10. Juli 1529, ep. misc. pg. 72: „Lutherani non cogitant quo modo nostra scripta redarguant. Credo ipsos respondere non posse“.
[2] C. an N. 12. Aug. 1539, ep. misc. pg. 254.
[3] Wir finden ihn am 12. Okt. 1539 in Wien in Geschäften des Breslauer Bischofs, s. Dittrich a. a. O. S. 380, Cochläus an Contarini.

IV.

Wir haben noch 12 Jahre mit Cochläus zu durchwandern, von diesem Orte zu jenem ihn zu begleiten. Ruheloses Umher-ziehen, Unzufriedenheit und Enttäuschung füllen seinen Lebens-abend aus; rastlose litterarische Thätigkeit war trotz allem nicht im stande das bittere Gefühl zu übertäuben: ich werde mehr und mehr überflüssig. Wohl auf Verwendung Nauseas zog ihn König Ferdinand nach Hagenau zum Religionsgespräch. Er erhielt den Auftrag, die Augsburgische Konfession auf die zulässigen Sätze hin durch-zumustern.[1]) Der momentan versöhnlichen Stimmung konnte auch er sich nicht ganz entziehen; doch wies er ausdrücklich darauf hin, wie nicht die ganze lutherische Lehre in der Konfession befasst sei, wie manches noch erübrige, was der katholischen Kirche ganz zuwiderlaufe. Ohne dieses in Betracht zu ziehen, dürfe an Vergleichsverhandlungen nicht gegangen werden. Letztere sind ihm überhaupt ganz gegen den Sinn; in einem Gutachten vom 27. Juni erklärt er dem König, die Lutherischen wollen sich unsern Gründen ja doch nicht fügen, vielmehr verlangen sie von uns eine Billigung der Konfession, um die sichs doch gar nicht mehr handeln kann, da der Kaiser sie gemissbilligt, die Theologen sie widerlegt. „Mit den Lutheranern konkordieren heisst ein grössres Schisma hervorrufen."[2])

Wir werden es nach diesem Satze nicht verwunderlich finden, dass er in Regensburg 1541, wie kurz zuvor in Worms, nur den Zuschauer spielte; es wehte damals eben ein anderer Wind. „Kein Mensch fragt nach mir", schreibt er mit Bitterkeit an Nausea. Er hat von Ferdinand 50 Gulden zum Unterhalt be-kommen, und man hat ihm erlaubt, fortzureisen; trotzdem bleibt er, den Verlauf der Verhandlungen verfolgen zu können. Zwar hat er wenig Hoffnung auf ein Zustandekommen des Ausgleichs. Den Lutheranern fehlts am guten Willen; unter den katholischen Theologen aber, Eck einerseits, Gropper, Pighius andererseits herrscht kein Einverständnis. Vielleicht wenn Nausea hier wäre, liesse sich etwas hoffen, zumal Melanchthon und Butzer von Worms aus brieflich mit diesem verhandelt.

Cochläus mahnt den Freund, seiner Gesundheit zu schonen; er selbst fühlt sich kränklich und gebrechlich, nicht anders Eck

---

[1]) Comment. d. A. et S. M. L. sub a. 1540. — Seckendorf II, 284, Raynaldus 1540 no. 49.

[2]) „Praemonitio de Colloquio a Protestantibus petito". Misc. libr. III, pg. 154.

und Mensinger; Faber ist gar neulich gestorben. „Zu welch kleinem Häufchen sind wir zusammengeschmolzen, die wir in Deutschland die wahre Religion und den katholischen Glauben beschützen!"[1])

Cochläus selbst litt an den Augen, und so verbot sich ihm, als er nach Breslau zurückgekehrt, die sonst eifrig betriebene litterarische Thätigkeit: das Jahr 1542 ist eines der wenigen, für die der Katalog keine Schrift aufweist.

Im nächsten Frühjahr 1543 erschien die Bulle, nach der das langersehnte Konzil für den November nach Trident berufen wurde. Cochläus ward von dem Breslauer Bischof als sein Vertreter dorthin abgesendet. In Kempten Mitte Juli angelangt, erfährt er von der Aufhebungsbulle vom 5. dieses Monats; so wäre der ganze Weg nutzlos gewesen, hätte nicht der Bischof von Eichstädt, Moritz von Hutten ihn zu sich eingeladen und mit einer Präbende in Eichstädt versehen. Schon als Moritz von Hutten noch Probst in Würzburg, hatte sich Cochläus 1539 in einer Schrift an ihn gewendet; nachdem er dann im selben Jahr Bischof geworden, scheint der weitere Verkehr beider durch Scheurl vermittelt worden zu sein.[2])

Wieder also war das Konzil ins ungewisse hinausgerückt! Aber der gerechte Unmut hierüber mochte vorerst über einem anderen Vorfall zurückgedrängt werden: die Kölner Angelegenheit beschäftigte damals ganz Deutschland. Der dortige Erzbischof Hermann von Wied, ein Mann milder Denkart und ernstlich auf Tilgung der Schäden im kirchlichen Leben bedacht, hatte bei diesem Bestreben immer mehr der protestantischen Richtung sich genähert, war mit Luther in den engsten Verkehr getreten, hatte schliesslich (Ostern 1543) das Abendmahl unter beiderlei Gestalt

---

[1]) 7 Briefe an N. von Regensburg, ep. misc. pg. 299, 303, 310, 311, 312, 317, 320, einer von Breslau 22. Juni 1542, pg. 337.
[2]) Com. de A. et S. M. Luth. sub a. 1543. — „Consideratio articulorum etc. ... J. Cochlæi ud Mauritium ab Hutten eccl. Herbipol. præpositum" 1539. — Scheurls Briefbuch No. 277 „An einen Ungenannten". Der Ungenannte ist Moritz von Hutten, wofür der Beweis sich aus folgenden Punkten ergiebt: Es wird einem Prälaten gratuliert — am 12. Juli 1539 — zu seiner Wahl zum Bischof: Moritz v. H. ward gewählt 27. VI. 1539. — Der Adressat war vordem in Würzburg: dies trifft bei M. v. H. zu. — Der Adressat soll Kilian Leib grüssen: letzterer aber wohnte ganz in der Nähe von Eichstädt, als Prior in Rebdorf. — Man wird bedauern dürfen, dass die Editoren dieser Briefe sich so oft mit einem „Ungenannten" begnügt haben, wo kleine Mühe gewiss nicht ohne Resultat geblieben wäre! So darf als Adressat von No. 264 Georg von Sachsen ohne jedes „?" erklärt werden, wie aus den Worten hervorgeht: „Die mogen ewer furstlich gnad doctori Cocleo zu stellen Lassenn, der wirt mirs wol widerumb schicken".

4*

in Köln eingeführt. Das streng katholische Prinzip fand sich
bedroht: weit über die den Protestanten etwa zu machenden
Zugeständnisse war dieser Kirchenfürst hinausgegangen! Man
rüstete sich, dem entgegenzuwirken; Cochläus nicht zuletzt. Bei
ihm lag obendrein ein lebhaftes persönliches Interesse an der
Kölner Stadtgemeinde und Geistlichkeit vor; war er doch „ein
alter Student und Magister von Cöln“, hatte er doch hier einen
Port gefunden während der Stürme der Bauernbewegung, späterhin
noch die alten Beziehungen gern gepflegt, dem Rat der Stadt in
tiefer Verehrung eine seiner Schriften dargebracht! Er durfte
jetzt nicht schweigen. Eine „Philippica quinta“, die schon 1540
erschieuen, gab er von neuem heraus mit einer Dedikationsepistel
an Hermann von Wied, in dem er ihm das Verwerfliche seines
Schrittes vorhielt. Als dann Melanchthon mit seiner „Denfensio
pro Bucero“ aufgetreten, schmiedete Cochläus gegen diese eine
„Philippica sexta“ und beeilte sich, sie durch besondern Boten
dem Rat zu übersenden.[1]

Erst der Herbst 1544 eröffnete wieder mit der Bulle vom
30. November die Aussicht auf den Zusammentritt des Konzils;
im März des nächsten Jahres sollte er erfolgen. Der Termin
rückte immer näher heran, aber noch zweifelte man in Deutschland stark an einem Zustandekommen; ja als er schon vorüber,
Ende April, hoben sich die Zweifel immer noch nicht: man hörte
nur von italienischen, nicht von spanischen und französischen
Prälaten, die in Trident angelangt seien. Cochläus brannte vor
Ungeduld. Er ward jetzt auch bestimmt, den Eichstädter Bischof
zu vertreten, sollte aber erst aufbrechen, wenn sichere Nachricht
von der Eröffnung eingelaufen wäre. Er schrieb an Cervino,
dringend bat er um Aufklärung.[2]

---

[1] Comment. de A. et S. M. L. sub a. 1543. — 2 Briefe von
Cochläus an den Rat der Stadt Cöln vom 20. Febr. u. 20. Aug. 1544,
mit denen er eine zweimalige Büchersendung begleitet: ein Rat wolle
„solche im besten von mir als von eym alten studenten und magister
von Coln vermerken und unnemen“. (Kölner Stadtarchiv.)

[2] S. — auch für das Folgende — Druffel Mon. Trident. München
1885, C. an Cervino 30. April, 28. Juli, 23. Aug., 31. Okt.; Cervino an
C. 27. Nov.; C. an Farnese 30. Mai 1545. — Zu der von Farnese gewährten Pension vgl. was Paul III. an Nausea 18. Mai 1537 (ep. misc.)
schreibt: „Cum enim dilecto filio et secundum carnem nepotinostro,
Cardinali Farnesio, præposituram ecclesiæ Herbipolensis commendavi-
mus, totum id commodum, quod ex ea haberi poterat, ipso etiam
Cardinale id volente, inter aliquot doctos viros Germaniæ, de fide
catholica bene meritos, in quibus tu inter primos nobis occurristi, dividi
fecimus, tibique pensionem annuam centum florenorum Rhenensium
super dictæ Præposituræ fructibus tam libenter, quam merito assi-
gnavimus“.

Daneben beunruhigten ihn die Vorgänge am Wormser
Reichstag. Butzers „Admonitio christiana ad Cæsarem et Regem
ordinesque Imperii" schien durchaus eines Gegengifts bedürftig:
Cochläus wandte sich gleichfalls in mahnenden Worten an die
Versammlung und warnte vor den verführerischen Stimmen
Luthers und Butzers. Der Letztere kommt in der Ruchlosigkeit
sofort hinter dem Wittenberger! Der alte Heldengedanke an
einen Opfertod für die katholische Kirche bemächtigt sich wieder
seiner Seele; er macht an Alexander Farnese nach Worms den
uns bekannten Antrag, nur dass jetzt statt Luther Butzer in die
Arena treten soll. Aber auch diesmal ist es so gefährlich nicht.
Der selbe Brief an Farnese dankt für eine jährliche Pension von
100 Gulden und klagt über Abzüge, die ihm an sonstigen Ein-
nahmen geschehen sind; also nicht ganz hat er sich dem Tode
geweiht, vorsorglich schaut er in die Zukunft! Charakteristisch
dürfte die Art sein, wie solche Klagen eingeleitet wurden. Eck
und Cochläus gleichen sich darin gar sehr. Zuerst wird ge-
jammert über die Kurtisanenwirtschaft, die den ganzen Unwillen,
den ganzen Jammer Deutschlands heraufbeschworen, und dann
sofort zur Illustrierung eine persönliche Misshelligkeit hervor-
gehoben. Ganz wie Eck einst Clemens VII geklagt,[1]) so stellt
jetzt Cochläus Farnese vor: „sunt et curtisani quidam qui ob
inexplebilem beneficiorum cupiditatem et diversorum sacerdotiorum
inverecundam venationem toti fere Germaniæ odio sunt, qui sua
frequentatione poterunt curiam tuam Germanis suspectam et
invisam reddere, Westphalus ille imprimis, qui superbe solis
citationum minis coegit me cedere a pensione 25 florenorum" etc.

„Gerechter Gott" ruft er bald darauf Cervino zu, „wieviel
Probsteien und Kanonikate giebts im Rheinland! Da könnte man
mir doch leicht eine Unterstützung verschaffen zum tapferen
Streiten für die Kirche; indes verschwenden deren Inhaber die
Gelder der Kirchen für ihre Verwandten oder für Vergnügungen
und denken nicht im geringsten an eine Verteidigung des Glaubens
und der Religion".

Er habe den Plan, meldet er kurz nachher wieder mit
Hinweis auf jene fetten Stellen, seine bisherigen Werke einer
gründlichen Redaktion zu unterziehen, die vielen verstreuten
Streitschriften in ein handliches Korpus zu sammeln, die deutschen
ins Lateinische zu übertragen zu Nutz und Frommen der Konzils-
väter, der Italiener, Spanier und Franzosen, damit sie den ganzen
Abgrund des Sektentums zu schauen vermöchten. Aber jetzt im
aufgeregten Deutschland an die Verwirklichung eines solchen

---

[1]) Balan S. 538.

Planes denken? Wo fände sich ein sicherer Arbeitsort? Man müsste ins Ausland gehen; dort aber würden Farneses 100 Gulden zum Unterhalt nicht ausreichen. „Wenn ich sehe, dass dieser mein guter Wunsch und Vorsatz niemandem am Herzen liegt, hoffe ich mich vor Gott gerechtfertigt, so ich Sorgen und Mühen dahinten lasse und mich zurückziehe in die Behaglichkeit eines Kanonikats, wo ich für meinen Privatbedarf genug habe".

Diese Drohung blieb nicht ganz ohne Erfolg: 100 Skudi vom Kardinal Ardinghello waren schon unterwegs, als sie ausgestossen wurde, und jetzt versicherte Cervino, er billige den Plan, werde sein möglichstes zur Unterstützung beitragen, habe auch den Brief schon an Farnese übermittelt.[1])

Cochläus war doch immerhin noch eine Stimme, mit der man rechnen musste. Er hatte Cervino mitgeteilt, wie tückisch Butzer den deutschen Bischöfen schmeichle; dagegen habe er nun in einer Schrift dieselben um ihrer Lässigkeit willen scharf mitgenommen; doch wolle er diese ohne Zustimmung Cervinos nicht veröffentlichen. Nichts konnte im jetzigen Moment unvorteilhafter sein, als ein derartiger Tadel! Er möge damit warten, befiehlt Cervino; auf den dritten Advent sei der Beginn des Konzils gesetzt; wofern die Prälaten dann nicht erschienen seien, oder ihr Verhalten den Erwartungen nicht entspräche, sei ein Verweis am Platz.

Aber warum geht denn Cochläus selbst nicht nach Trident? Den ganzen Sommer über versichert er uns, er ginge lieber heute als morgen, und jetzt wo der Tag der Eröffnung bevorsteht, sitzt er immer noch in Eichstädt! Wieder ist es die Kölner Sache, die ihn beschäftigt. Er steht in eifrigem Briefwechsel mit dem dortigen Klerus, vor allem mit Gropper, weiss die Kunde von den jüngsten Schriften des „Kölnischen Wolfes" aus erster Hand nach Trident zu übermitteln und ist mit dem Vorschlag von Moritz von Hutten einverstanden, erst nach gründlicher Information über die dortigen Begebnisse, Cervino persönlich Bericht zu erstatten.

So vergeht der Sommer und Herbst, und schon verlautet wieder von einem neuen Religionsgespräch, das den Protestanten zugestanden. Wie der Eichstädter Bischof, so ist auch Cochläus demselben durchaus abgeneigt: „Lieber möcht ich tausend Meilen reisen zum Konzil, als zum Kolloquium nach Regensburg, das nur zehn Meilen von hier entfernt ist!"

---

[1]) Vgl. neben Cervino an C. 27. Nov. 1545 a. a. O. auch Massarelli 20. Sept. u. 14. Okt. bei Döllinger „Ungedruckte Berichte zur Geschichte des Konzils von Trient". Nördlingen 1876. S. 125 u. 135.

Mochte er wollen oder nicht, sein Weg führte ihn schliesslich nach Regensburg und nicht nach Trident. Wie es scheint,
begleitete er auf Ferdinands Geheiss Moritz von Hutten dorthin.
Der Breslauer Bischof musste sich nach einem anderen Vertreter
für das Konzil umsehen.[1])
Schon in Hagenau und Worms war Cochläus, wie Nausea
von der Nutzlosigkeit solcher Verhandlungen überzeugt; fünf
Jahre waren seitdem verstrichen, nicht nur unlustig, auch un-
tauglich hatten sie ihn zu solchem Auftrag gemacht. „Cochläus
ist ein armes altes Kind" spottet Butzer, „hallet schwach und
beysset gar nicht, dass sich sein auch seine mitkolloquenten
erstaunen."[2])
Hier in Regensburg traf ihn die Nachricht von Luthers
Tod. Sie liess ihn wieder an seine seit 1534 liegengelassenen
„Commentaria" denken;[3]) er nahm die Arbeit wieder auf und
brachte sie zum Abschluss; aber auch dies mit Unlust, bei
weitem nicht mit dem alten Feuer, flüchtig und hastig. Als er
am 6. Juni die Feder aus der Hand legte, waren schon unheil-
volle Wolken am politischen Horizont heraufgezogen; der Kaiser
war schlagfertig, die Abmachungen mit dem Papste bereinigt,
noch ein Monat, und der Krieg stand in hellen Flammen. Noch
zu guter Stunde verliess Cochläus am 8. Juli Regensburg, gerade
ehe die Heere des Kaisers die Strasse gesperrt. Kaum aber
war er in Eichstädt, so hiess es, die Feinde kommen. Den
verhassten Cochläus im Hause bergen, schien dem Bischof nicht
ohne Gefahr; er riet ihm nach Ingolstadt zu fliehn. Cochläus
geht, ist aber erst einen Monat dort, so eilt er wieder nach
Eichstädt, da der Feind nun gegen Ingolstadt losrückt.[4])
Traurig war hier seine Lage: neben allen Kriegsnöten
brach noch eine tückische Seuche aus; und wie abgeschnitten
war man hier von der Welt! Keine Nachricht aus Trident,
sechs lange Monate hindurch, von Nausea kein Brief, von Köln

---

[1]) Balthasar ep. Vratisl. an Nausea 27. Jan. 1546, ep. misc.
pg. 388: er bittet Nausea ihn in Trident zu vertreten, „cum D. Cochläus
aliis graviss. occupationib. Sacr. Ro. regiæ M. Domin. mei gratiosiss.
eam legationem obire impediatur".
[2]) C. an N. 8. Juni 1546, ep. misc. pg. 394. — Neudeker, „Merkwürdige Aktenstücke aus dem Zeitalter der Reformation" II, 718.
[3]) Comment. de A. et S. M. L. sub a. 1546.
[4]) Um dieser ruhelosen Lebensart willen, die zu litterarischen
Arbeiten gewiss nicht geeignet, möchte man Druffels Annahme, C. habe
im Monat Juli den anonymen „De bello Germanico dialogus" verfasst,
bezweifeln; obwohl die dafür geltend gemachten Gründe ihre Berechtigung haben. S. Druffel: „Beitrag zur militärischen Würdigung
des schmalkaldischen Krieges. Münch. Sitz. Ber. 1882. S. 397.

keiner! Endlich, nach dem mit Jubel begrüssten Siege bei
Mühlberg, im Frühjahr 1547 laufen auch wieder Botschaften ein.
Nausea berichtet von seinem Entschluss, sein Bischofsamt in
Wien aufzugeben. Cochläus rät ihm ernstlich ab: „Wir dürfen
nicht fahnenflüchtig werden, die wir einmal dem heiligen Kriegsdienst uns unterzogen!" Er selbst will noch einmal seine ganze
Kraft einsetzen zur Bekämpfung der Feinde.¹)
Wir finden ihn dann 1548 und 1549 in Mainz. Jenen
Plan, den er einstens Cervino vorgetragen, bemüht er sich jetzt
zu verwirklichen; aber Cervinos Versprechungen verwirklichten
sich nicht. „Nun ich einmal das Werk auf mich genommen,
haben mich die verlassen, deren treue Unterstützung ich einst
fest erhofft; ich hatte dabei das Wort des Psalmisten vergessen:
„„verlasset euch nicht auf die Fürsten und die Kinder der
Menschen"". So war er also bei der Ausführung mannigfach
beschränkt; doch es gelang ihm seine beiden Hauptwerke, die
„Historia Hussitarum" und die „Commentaria" in stattlicher
Form herauszugeben. Von den letzteren soll weiterhin noch die
Rede sein; hier mögen wenige Worte über Form, Quellen und
Tendenz der „Historia Hussitarum" Platz finden. In 12 Büchern
erzählt Cochläus die Geschichte Böhmens, beginnend mit dem
Regierungsantritt Karls IV., abschliessend mit der Besitzergreifung
dieses und des ungarischen Landes durch den römischen König
Ferdinand, deren ausführlichere Schilderung seinem Freunde
Ursinus Velius — „nobilis hac ætate historiographus" — vor-
behalten bleiben solle. Nachdem die drei ersten Bücher über
die Universitätsstiftung Karls, über Wiclifs Lehren, über Hus'
Auftreten, Prozess und Tod berichtet, setzt mit dem vierten
Buche eine streng annalistische Aufzählung der Ereignisse der
Jahre 1416—1454 ein. Über seine Quellen giebt er schon im
Titelwort eine Andeutung: „operose collecti (sc. historiæ libri)
ex variis et antiquis tum Bohemorum tum aliorum codicibus
antea nunquam excusis". Unter diesen damals ungedruckten
Quellen ist die Autobiographie Karls IV. ohne Zweifel die
bedeutendste; Cochläus hat sie zum Teil wörtlich benutzt. Sein
erster Gewährsmann aber, Aeneas Silvio, lag damals schon
gedruckt vor; sowohl auf die „historia rerum Bohemicarum" und
verschiedene „orationes", als ganz besonders auf die „epistolæ"
stützt sich Cochläus; nicht ohne Kritik verfährt er dabei, die
mangelhafte Datierung der letzteren veranlasst ihn wohl einmal
zu einem kritischen Exkurs. Daneben begegnet uns für die

¹) C. an N. 18. Jan., 30. Jan., 1. Mai, 9. Mai 1547, ep. misc.
pg. 410, 412, 418, 419.

frühere Zeit Ulrich von Reichental, für die spätere Albert Krantz mit seiner Schrift „Vandalia". Gegen die neuesten Beurteilungen von Hus durch Otto Brunfels und Agrikola wird heftig polemisiert. Das brachte schon die Tendenz mit sich: ein Schreckbild soll Hus den Zeitgenossen sein, ein warnendes Beispiel; diese Absicht spricht der Autor ganz offen am Schluss aus: „Ego non tam historiæ, quam fidei Catholicæ defensioni intentus adversus Vuiclephi hæresim ... historica fide res gestas Hussitarum persecutus sum, pia sane intentione, nempe ut et Hussitas admoneam ... et Germaniæ populos a novis sectis deterream". Eine Menge früher verfasster Schriften liess er ausserdem in jenen Jahren noch erscheinen, schrieb auch an neuen, so an einer „Philippica septima", die sich gegen Melanchthons Urteil über das Interim richtete.

Er ward müde über der Arbeit, er sehnte sich nach Ruhe; aus Breslau trafen Aufforderungen zur Heimkehr und Unterstützungen zur Reise ein. Drei seiner dortigen Amtsbrüder mieteten auf eigene Kosten einen Wagen, der Cochläus im Sommer 1549 nach Breslau brachte; am 2. August langte er an.[1])

„Ich habe nun," schreibt er an Nausea, „mit Gottes Hilfe gethan, was ich mir vorgenommen; von jetzt an will ich den Zuschauer machen und ebenso sorglos auf die Gefahren der Kirche hinblicken, wie es meine Vorgesetzten und Amtsbrüder thun". Ein Dekanat in Bautzen, das ihm angetragen wurde, schlug er aus: er sei zu alt und zu gebrechlich. Damit hört jede Kunde von ihm auf.[2]) Nur sein Grabstein in der Domkirche besagt, dass er zu Breslau am 10. Januar 1552 gestorben.

Was haben wir in ihm für einen Mann kennen gelernt? Trotz aller Mängel, die er an ihm fand, schätzte ihn ein Pirkheimer wegen seines Eifers und seiner tüchtigen Arbeitskraft — und dieses Urteil wird uns nicht gering gelten. Diese beiden Eigenschaften sind es wohl auch gewesen, denen er es zu danken hatte, wenn vorübergehend an einen Bischofsstuhl für ihn gedacht wurde;[3]) sie auch, wenn der Jesuitenapostel Faber auf ihn aufmerksam wurde und ihn an den „exercitia spiritualia"

---

1) C. an N. 1. Okt. 1547 u. 11. April 1549, ep. misc. pg. 444 und 469. — Vgl. auch den Katalog seiner Schriften.
²) C. an N. 12. Sept. 1549. — C. an den Bisch. v. Meissen. Dresdener Archiv Locat 8924 vom 12. Sept. 1549. — Den Todestag bestimmt Otto nach dem im Breslauer Dom befindlichen Epitaphium.
³) C. an Pflug 17. März 1547, bei Cyprianus: Tabularium ecclesiæ Romanæ, 1743.

teilnehmen liess.¹) Als dies geschah hatte Cochläus die Mannes-
jahre schon hinter sich; vielleicht dass er sonst völlig dieser
neuen Heilslehre sich hingegeben hätte. Was uns neben dieser
unermüdlichen Thätigkeit überall entgegentritt, ist vornehmlich
eine verhältnismässig bedeutende formale Gewandtheit in fast
allen seinen Schriften. Aber der alte Fluch, den eine solche Mitgift für diejenigen
nach sich zieht, denen nicht noch ausserdem eine kernhafte
Natur verliehen worden — er klebte auch Cochläus zeitlebens
an. Er wusste sich nicht zu bescheiden; seine Belesenheit, seine
rasche Fassungskraft, seine flinke Feder schienen ihm ein Rüst-
zeug, stark genug zu allen Feldzügen. Mit ein paar Verrinen
glaubte er Justinian und das römische Recht aus der Welt zu
schaffen, mit einer Catilinaria Luther niederzuschmettern, mit
einigen Philippiken Melanchthon.

Zu allen Zeiten hat man für solche Naturen gute Verwendung gefunden, man hat sie gebraucht, und wenn sie sich
verbraucht, hat man sie fallen lassen. Cochläus stand nicht im
Dienste einer grossen Idee, wie selbst die kleinsten mit weit
geringeren Gaben als er versehenen Mitarbeiter unserer grossen
Reformatoren: er war nur Aftervasall derjenigen, die von den
mächtigen Kirchenfürsten vertreten wurde. Diese Stellung hat
er mit all ihren Gefahren für den Charakter sein Leben über
eingenommen; er drohte mit Aufkündigung des Dienstverhältnisses,
wollte ihm sein zustehender Sold nicht werden, und als er dann
aus dem aktiven Dienste schied, war es das bittere Gefühl eines
zurückgesetzten Militärs, das er mit auf seinen Ruheposten nahm!

Wer einen Blick in die Seele dieses Mannes thun will,
greift am besten zu demjenigen seiner Bücher, welches heute
noch hier und da vom Forscher herangezogen wird, zu den
„Commentaria de actis et scriptis Martini Lutheri“. Schon mehrmals sind wir dieser Schrift auf unserem Wege begegnet, finden
aber hier erst den Platz, genauer und im Zusammenhang, wenn
auch mit wenigen Worten nur, auf sie einzugehen.

Als sie erschien, entstand bei den Lutheranern keine geringe Aufregung. Es sei ein „Lugenbuch“ schrieb Justus Jonas
an Herzog Albrecht noch im Jahre 1549, und derselbe Jonas
ward von befreundeter Seite dringend angegangen, dagegen auf-
zutreten.²) Es kam nicht dazu; erst sechs Jahre später liess

---

¹) Vgl. Janssen a. a. O. IV, 373. — Dazu Canisius an Nausea
18. Mai 1545.
²) Kawerau, Briefwechsel des J. J. II, No. 910 u. 916. — Sleidan I,
S. 11 (Augsb. 1785. Am Ende) „et extat cuiusdam nostræ nationis liber
ante sextum annum editus Moguntiæ, criminationibus, calumniis, nugis,

Sleidan sein berühmtes Buch erscheinen, zwar nicht als ein Antidoton, wohl aber in bewusstem Gegensatz zu dem katholischen Historiker. Des Cochläus Buch erlebte 1565 eine zweite Auflage in Paris, 1568 eine dritte in Köln; im Jahre 1582 erschien es zu Ingolstadt in deutscher Übersetzung, zu Beginn des grossen Religionskrieges, im Jahre 1622, noch einmal in dieser Gestalt zu Dillingen.[1]) Hat es seinen ursprünglichen Zweck auch nicht erreicht, so ist es doch nicht ohne Erfolg geblieben. Wir erinnern uns, er wollte es dem Konzile vorlegen, damit die fremden Nationen an ihm ein Handbuch hätten, woraus sie Kenntnis über das Luthertum schöpfen könnten. Als er es nun 1549 herausgab, war ja ein Wiederzusammentreten des Konzils noch aussichtslos; so ist denn auch in der „epistola nuncupatoria" an Herkules von Este die alte Absicht nicht mehr ausgesprochen; jetzt möchte das Buch den Zeitgenossen ins Bewusstsein bringen, wie weit jene Ketzer vom Glauben abgeirrt, der Nachwelt aber zur Lehre werden, die Füchse zu fangen, da sie noch jung sind. Wir gehören zu jener Nachwelt nicht, die einer solchen Anweisung bedürftig wäre; trotzdem hat das Buch auch für uns einen Wert. Die „Commentaria" sind uns eine nicht unwichtige Quelle für die Geschichte der Reformation. Wird freilich das Buch als das benutzt, als was es sich ausgiebt, als eine Nachricht über Thaten und Schriften Luthers, so ist es ein schlechter, weil sehr parteiischer Führer. Fasst man aber ins Auge, was Cochläus nebenbei uns bietet, gleichsam als Kehrseite der Münze, alle jene Nachrichten von den Gegenbestrebungen litterarischer Art; nimmt man sein Buch zur Hand im vollem Bewusstsein, den subjektivsten Berichterstatter vor sich zu haben, so wird seine Lektüre dem vorsichtigen Leser manchen Nutzen zu verschaffen vermögen. Wo anders lernen wir Hass und Wut der gegnerischen Partei besser kennen? Und wer, der sich orientieren wollte über die hochaufgeschichtete Konfutationslitteratur, die Luther und seine Mitarbeiter heraufbeschworen, möchte dieses Vademekum entbehren?

Man hat ganz falsche Anforderungen an dieses Buch gestellt, man hat ihm deshalb oft Unrecht gethan. Wenn ein Gelehrter

---

conviciis refertissimus; I, 20. Commentarios edidit ante sextum annum J. Cochleus eodem fere argumento, quo sunt mei: sed horrendis et inauditis atque fictis criminationibus omnia sunt accumulata.

[1]) „Historia Martini Lutheri das ist kurtze Beschreibung seiner Handlungen und Geschriften etc. durch J. Cochlæum, ins Teutsch gebracht durch Johann Cristoph Huber. Getruckt zu Ingolstatt durch David Sartorium Ao. MDLXXXII". Dasselbe „gedruckt zu Dillingen durch Gregorium Hännlin Ao. MDCXXII".

des vorigen Jahrhunderts Zeit und Mühe nicht scheute, den Satz zu widerlegen, dass Luthers Auftreten durch Neid und Hass hervorgerufen sei, wie Cochläus — und nach seiner irrigen Meinung Cochläus allein — behauptet habe,[1]) so traf gewiss Lessing das Richtige in seiner „Rettung des Cochläus", wenn er dem Gelehrten zurief: „Als ob ein Einfall widerlegt werden könnte!"[2]) An solchen „Einfällen" und an grundfalschen Auffassungen ist das Buch überreich. Wir hören ja hier einem Manne zu, der durch jahrzehntelangen Hass völlig geblendet ist, der durch jahrzehntelanges Mitteninnestehen im Gezänk alle Fähigkeit verloren hat, auf eine „höhere Warte" sich zu erheben! Man mag getrost zugeben, das Vorhandensein dieser „Einfälle" stehe noch gar nicht im Widerspruch mit der Bezeichnung des Werkes in der epistula nuncupatoria als eines „veritatis testimonium" und mit den Versicherungen „Scripsi et pia intentione et bona fide" und „mihi curæ fuit sub veritatis compendio ista referre". Man mag es zugeben — und man findet immer noch eine hübsche Reihe wirklicher, gewollter Lügen. Sie hängen mit dem Bestreben zusammen, sich selbst möglichst in den Vordergrund zu drängen. Über Luther ist das Buch geschrieben, ihm wird auch gerade noch der erste Platz gegönnt; dann aber kommt sofort Cochläus. Ein eigenes Bild müsste derjenige von jener Zeit empfangen, der einzig auf dieses Buch angewiesen wäre; er müsste glauben, das ganze katholische Deutschland habe auf Cochläus als den Mann geblickt, von dem allein noch das Heil zu erwarten; er sei der Damm gewesen, der immer wirksam den wilden Wassern Einhalt geboten. Das Buch ist ein Testament der Eitelkeit. Man müsste seinem Titel nach denken, es schlösse ab mit dem Bericht von Luthers Tod, vielleicht einem kurzen Rückblick auf die Gesamtthätigkeit dieses Ketzers. Aber dem ist nicht so; es bleibt seinem Charakter treu, es berichtet zum Schluss noch von den wichtigen Büchern, die Cochläus in Luthers Todesjahr hat ausgehen lassen. Dieses Bestreben der Selbstverherrlichung musste naturgemäss zur Lüge führen. Wir beschränken uns darauf, eine solche nur in einem Falle zu konstatieren, und lassen Cochläus sich mit eigenen Worten widerlegen.

Am Schluss der Geschichte des Jahres 1534 liest man: „Certe Cochlæus palam confessus fuit sæpe, cum alibi, tum in

---

[1]) Krafft: „De Luthero contra Indulgentiarum Nundinationes haudquaquam per invidiam disputante". Goetting 1749.
[2]) Lessings Ges. W. Donauöschinger Ausgabe 1822. Bd. VII, S. 221 ff.

iis ipsis libris quos tum in Philippum edidit, sese non odio
Philippi, sed zelo fidei et religionis catholicæ in Philippum
scripsisse. Nam Philippicas et Velitationem in cius Apologiam
toto Triennio: Confutationem vero Didymi eius ultra XII annos,
domi apud se retinuerat, antequam edidit: quod sperabat illum
aliquando ad Ecclesiam dimisso Lutherismo reversurum". Das
wäre gewiss recht friedlich und christlich gedacht gewesen; doch
gesteht er an anderer Stelle, dass er einige der Bücher gern
sofort herausgegeben hätte, er habe nur kein Geld gehabt. Er
schreibt nämlich am 6. Oktober 1532 an Truchsess[1]): „Contra
Apologiam Philippi Melanchthonis scripsi ante annum Philippicas
tres, quas protinus edere intendebam: defuit pecunia pro im-
pressoribus. Super addidi quartam et veni cum III. Principe
meo Ratisponam ad Legatum Card. Campegium omnia referens".
Der habe einiges geändert gewünscht, Cochläus habe gehorcht:
„Placuit quidem ille labor meus nihil tamen addidit, per quod
labor perfectus posset per impressores evulgari".

Aber jener Drang, die eigene wichtige Person möglichst
zu hätscheln, verleitete noch zu einem anderen hässlichen Fehl-
tritt. Wird es von gewissen Seiten eben als zur „pia intentio"
gezählt werden, dass aller Hass gegen Luther und seine Mitarbeiter sich hier austobt, so ist das eben auch eine Auffassung,
gegen die man, wie gegen einen „Einfall" nichts vorbringen kann.
Wie aber, wenn die allerpersönlichsten Gehässigkeiten gegen
Männer, die nur in äusserlichen Beziehungen zu den Reformatoren
standen, in dieses Buch hineinspielen dürfen? Auch dafür nur
ein Beispiel.

Hatte Cochläus niemals das Rätsel der Kürze zu lösen
gewusst, so stehen die „Commentaria" hinsichtlich dieses Punktes
doch bedeutend höher, als seine sonstigen Schriften; doch finden
sich auch hier gewisse Wiederholungen bis zum Überdruss. Aber
Wiederholungen deuten doch nicht immer nur auf Flüchtigkeit
und Nachlässigkeit; irren wir nicht, so erlauben gewisse bei-
läufige Bemerkungen, die er immer wieder recht eindringlich uns
vorführt, einen Schluss auf des Autors Gemütsverfassung. Wir
hatten oben sein Verhältnis zu Nesen berührt; schlagen wir nun
das Buch[2]) auf, so finden wir pg. 62[b]: „... certior erat Lutherus
per Wilhelmum Nesenum Poetam ac Paedotribam Francofordiensem,
qui postea periit Vuittenbergæ in Albi fluvio miserrime"; pg. 98[b]:
„Lutherus suo Neseno (quem postea in Albi misere submer-

---

[1]) Riederer, Nachrichten I, 330 ff.
[2]) Benutzt wird hier die Ausgabe Cöln 1568, deren Titel übrigens
abweichend „Historia" d. A. et S. etc. lautet.

sum etc.)"; pg. 166ᵇ (in marg.): „Is erat Wilhelmus Nesenus, qui Vuittenberge in Albi suffocatus periit". Was geht denn die Mit- und Nachwelt dieser Wilhelm Nesen an? Uns überkommt das Gefühl: sieht er diesen Tod denn als ein Gottesgericht an? frohlockt er des Geschicks, das seinen Feind getroffen? Und scheint er es nicht selbst zu bezeugen, dass er seine Seele in einer derartigen Stimmung überrascht, wenn er 1533 an Joachim von Anhalt schreibt:[1] „Nesenus (welcher nicht lang darauf in der Elb ersoffen ist, des ich im warlicht nicht günde) . . ."?

So wird, wer weiter in dem Buche blättert, noch manches Mal zwischen den Zeilen hindurch einen Blick in die Seele dieses Mannes thun dürfen.

---

[1] „Was von Kayser Sigmunds Reformation zu halten sei". 1533.